Resolva o Seu Passado!
Estudos de Casos com Terapia EMDR

Esly Regina Souza de Carvalho, Ph.D.

TraumaClinic Edições

Resolva o Seu Passado!
Estudos de Casos com Terapia EMDR

Esly Regina Souza de Carvalho, Ph.D.

TraumaClinic
Edições

Resolva o Seu Passado! *Estudos de Casos com Terapia EMDR*
Série: *Estratégias Clinicas na Psicoterapia,* Volume 3

© 2016 Esly Regina Souza de Carvalho

ISBN 13: 978-1-941727-41-6
ISBN 10: 1-941727-41-7

Revisão: Zilda Costa de Souza
Layout: Marcella Fialho
Capa: Claudio Ferreira da Silva

Agradecimentos especiais a todas as colegas que permitiram que se contasse suas histórias; e a *Suellen Jacqueline Gonçalves Caldeira* que nos ajudou com a transcrição dos casos.

Índice

Dedicatória

Há poucas semanas, minha mãe terminou de fazer a revisão deste livro. Ela comentou que gostou tanto das histórias que gostaria que tivesse mais. Percebi que vários capítulos a comoveram. Um dos casos a tocou tanto que acabei enviando o comentário da minha mãe em um e-mail à colega que compartilhou sua história.

Nem todas as pessoas sabem que eu aprendi a ler e escrever em português aos 16 anos, quando minha família voltou para o Brasil; a minha alfabetização foi toda em inglês. A mãe corrigia meus trabalhos - e das minhas irmãs - o suficiente para a gente não passar vexame demais. Eu sabia que às vezes ela ia para o quarto e fechava a porta depois de ler algum dos nossos trabalhos. Muitos anos depois ela confessou que se escondia para rir às gargalhadas por causa das barbaridades que a gente escrevia no esforço de aprender português. Não queria nos humilhar nem envergonhar, mas não se aguentava de rir com os nossos erros.

Por isso, quando ela leu este manuscrito e me disse, *"teu português melhorou muito"*, foi um elogio excepcional. Fez cocegazinha em um lugar especial e profundo onde moram as letras do alfabeto brasileiro.

Semana passada a mãe partiu antes de ver a publicação do livro em que investiu tantas horas de leitura e revisão. Agora vai acompanhar seu lançamento em uma cadeira cativa no Céu. A saudade é imensa. É a primeira vez em que não vou receber seus parabéns pessoalmente, mas sei que ela continua na minha torcida sentada no meio da nuvem de testemunhas. Este livro é dedicado à minha mãe, Zilda Costa de Souza.

Thank you, Mommy.

O EMDR mudou minha vida...

Primeiro, mudou a minha vida pessoal.

Certa vez procurei uma terapeuta para arrumar um pedaço antigo de uma lembrança que me incomodava muito. Não acredito mais em "carregar porcaria na minha mochila emocional" sabendo que tem solução terapêutica para essas coisas. Como eu não possuía muitas opções de terapia que fossem alcançáveis ao meu bolso na época em que morava nos EUA, marquei hora com uma profissional do plano de convênio do meu marido. Foi uma pessoa sensível e que me propôs fazer umas sessões de EMDR. Ela sabia pela minha história clínica que eu também sou psicoterapeuta, e passou-me uns quantos folhetos e artigos sobre a terapia EMDR para eu ler.

Saí daquela primeira sessão de EMDR tão impressionada com o que tinha me acontecido que decidi procurar a formação profissional, com a esperança de que eventualmente poderia leva-la a outros países. Estava consciente de que algo dentro de mim tinha mudado para sempre.

Só não tinha ideia de que o meu rumo profissional também mudaria.

Sou uma daquelas pessoas que se comprometeu cedo na vida profissional com uma postura psicoterapêutica (Psicodrama) e nunca olhei para trás. Nunca encontrei uma única razão para mudar de linha... até que a terapia EMDR entrou na minha vida, e comecei a estudá-la e aplicá-la. Tudo mudou no consultório: o jeito de ver o paciente, o deslumbramento constante de vê-los melhorar de uma forma quase inacreditável, especialmente para uma terapeuta experiente como eu. Os pacientes ficam menos tempo na terapia e melhoram muito mais rapidamente. Vêm com pedidos específicos e alcançamos resultados mensuráveis. Os ganhos terapêuticos são irreversíveis; se mantêm no tempo, e são acompanhados de mudanças profundas e libertadoras. Atualmente, esta passou a ser a regra do meu trabalho, e não a exceção.

A terapia EMDR representa uma mudança paradigmática na forma de enfocar a psicoterapia. Dra. Francine Shapiro comentou no congresso de EMDRIA na Filadélfia[1] que o EMDR é uma psicoterapia de base fisiológica. Podemos mudar a percepção traumática e as lembranças dolorosas, as imagens, crenças, emoções e sensações ligadas a elas, em um nível neuroquímico, nas próprias redes neuronais do nosso cérebro. Atualmente possuímos os instrumentos de medição (tomografias SPECT, ressonâncias magnéticas funcionais, tomografias PET, etc.) que comprovam as mudanças na atividade cerebral à raiz da terapia de reprocessamento. *Estamos trabalhando no ponto de encontro entre a mente e o cérebro.*

Por essas razões quis lançar este livro cujo conteúdo exemplifica essa nova forma de trabalhar que tanto mudou a minha vida pessoal e profissional, e que continua mudando a vida dos meus pacientes. Também me dá enorme satisfação dar essa formação em terapia EMDR aos colegas, sabendo que seus pacientes vão se beneficiar também por muitas décadas a fio.

Este livro é um compêndio de estudos de casos de pessoas tratadas com a terapia EMDR. As sessões foram gravadas e transcritas (e portanto, se manteve a linguagem coloquial), ilustrando a variedade de diagnósticos assim como a velocidade de resolução ao usar os protocolos de terapia

---

[1] Comunicação em sua apresentação de abertura do congresso EMDRIA (EMDR International Association); setembro, 2006.

EMDR que se oferecem na formação básica dessa abordagem. Apesar de que muitos profissionais vão poder aproveitar o seu conteúdo, o livro se destina ao público em geral a fim de que conheçam a força e o poder de mudança que a terapia EMDR produz nos nossos cérebros, e consequentemente, no nosso comportamento, emoções, sensações e decisões de vida. Aqui se poderá ver como é possível evitar a evolução de quadros de estresse pós-traumático; a resolução de fobias que foram fonte de tormenta durante anos; como resolver dilemas; as experiências traumáticas escolares que podem ser superadas; e finalmente, como fortalecer os recursos que promovem a resiliência.

É meu sonho ver todos os psicoterapeutas habilitados no Brasil trabalharem dessa forma com seus pacientes. Quero que todas as pessoas no nosso país tenham a oportunidade de se recuperar do trauma da vida imperfeita a que todos estamos sujeitos, e suas consequências desastrosas: a negligência, a violência, os abusos sexuais e físicos, a depressão e a ansiedade, as doenças psicossomáticas, os medos e fobias; relacionamentos rotos que poderiam ser resgatados, enfim, este marasmo de dor e sofrimento com o qual lidamos todos os dias como profissionais da área da saúde.

O bonito é que fazemos parte de um sonho ainda maior: o sonho da Francine Shapiro e de todos os terapeutas ao redor do mundo que compartilham o desejo de ver um mundo com menos sofrimento. Este livro é mais uma contribuição na construção deste mundo melhor.

Esly Regina Souza de Carvalho, Ph.D.
Trainer of Trainers, EMDR Institute/EMDR Iberoamérica
Diretora Clínica, TraumaClinic do Brasil
www.traumaclinic.com.br

Veja sessões de terapia EMDR no youtube, algumas das quais estão transcritas neste livro:

https://www.youtube.com/user/EMDRBRASIL

Se você for psicólogo ou psiquiatra e quiser fazer a formação em terapia EMDR, visite: **www.emdrtreinamento.com.br**

Se você quiser fazer algumas sessões de terapia EMDR de forma intensiva pode vir à TraumaClinic em Brasília. Também atendemos semanal ou quinzenalmente. Marque sua consulta: 61 3242 5826. Visite o nosso site: **www.traumaclinic.com.br**

Para conhecer mais o material da TraumaClinic Edições visite nosso site: www.traumaclinicedicoes.com.br

Para receber mais notícias e aviso de promoções do nosso material, inscreva-se aqui:
https://app.e2ma.net/app2/audience/signup/1766739/1732906/?v=a

Quem Trata Também Sofre:
A Tragédia do Incêndio da Boate Kiss

Sonia, como a maioria dos casos aqui relatados, era aluna no curso de formação de terapia EMDR. Tinha feito o primeiro dos três módulos, mas quando voltou para fazer o módulo intermediário, estava tão aflita com o que tinha lhe passado ao ajudar os sobreviventes e familiares do incêndio da Boate Kiss ocorrido em janeiro de 2013 em Santa Maria, que os próprios colegas me insistiram que a tratasse. Como o instituto em que se desenvolveram as classes tinha infraestrutura para gravar as sessões de terapia2, essa sessão serviu não só para ajudar Sonia, como também para elucidar aos participantes como a terapia EMDR poderia ajudar uma pessoa que já apresentava os sintomas iniciais de estresse pós-traumática.

Sonia estava aflita, sem dormir direito desde o ocorrido, ansiosa e com choro fácil. Não parava de pensar nas cenas que assistiu quando os familiares entraram no ginásio, doze horas após a tragédia, para identificar os inúmeros corpos das vítimas, na sua maioria pessoas jovens. Mais de 240 pessoas perderam a vida no incêndio. Sonia tinha atendido o pedido público do governo que convocara os profissionais da área de saúde, já que o número de vítimas havia sido tão alto.

Esta sessão segue o protocolo EMDR para eventos recentes onde se usa uma adaptação do protocolo clássico de oito fases. Em vez de usar uma imagem fixa ao estruturar a lembrança, trabalha-se a série de eventos como se fosse um vídeo, ou uma série de imagens. Entende-se que por se tratar de algo ocorrido há menos de seis meses a memória ainda não tenha a consolidação característica da memória de longo prazo. Fica difícil identificar qual a cena pior, já que tudo é ruim.

Também foram incluídas neste relato as sessões de acompanhamento no dia seguinte à sessão de tratamento, e dois meses depois, quando Sonia veio terminar o curso de formação em

---

[2] Assista a sessão de Sonia, no canal da EMDRBrasil no youtube: https://www.youtube.com/user/EMDRBRASIL

terapia EMDR. Pode-se perceber claramente a grande diferença que cinquenta minutos pode fazer na vida de uma pessoa.

Primeira sessão:

Sonia: Será que vou conseguir?

Terapeuta (T:): Vamos devagar. Você já sabe como funciona a estrutura da sessão de terapia EMDR. Se precisar de ajuda é só pedir. E se não quiser ou não puder continuar, podemos parar em qualquer momento. Vamos com cuidado. E se Deus quiser, você vai sair melhor. Tá certo?

C: Legal.

T: Vamos começar?

C: Vamos.

T: Conta o que está lhe afligindo tanto.

C: É que é difícil até de falar. [Chora] As imagens são muito fortes. São muitos corpos. E na hora que fomos ajudar... então não podia chorar; tinha que ser forte. Até para poder amparar aquela mãe, aquele pai. [que vieram ao ginásio identificar os corpos]. As cenas vêm... dos corpos, principalmente da quantidade de corpos. E eram muitos jovens. E todo aquele desespero das pessoas... a impotência. Na verdade é isso. Nós [profissionais] nos cobramos muito... pelo o que não fizemos. É bem difícil.

T: O que está mais difícil? a parte das imagens em Santa Maria? Isso foi quanto tempo depois do incêndio?

C: Fui ajudar no domingo de manhã. Eu e meu marido fomos caminhar de manhã, e a vizinha já estava na rua. Nós ouvimos de madrugada os bombeiros e ambulâncias, mas pensamos que fosse um acidente bem grave, mas nunca nessa proporção. Saímos para caminhar e a vizinha perguntou "Souberam o que aconteceu? Pegou fogo em uma boate. Tem bastante mortos." Mas não tínhamos ideia da proporção. Fomos para casa, ligamos a TV, e começou. Cada vez era maior o número de mortos, 30, 40, 100... O telefone começou a tocar, porque tenho uma filha adolescente. Uma amiga dela estava dormindo em casa. Mas elas só têm 14 anos; nunca sairiam de casa [para uma boate].

E meu marido... a família dele é de lá, de Santa Maria. Ele ficou em pânico por causa do seus sobrinhos. Na TV, diziam que precisavam de ajuda no ginásio. Eu e meu marido tínhamos um compromisso em uma cidade próxima. Mas eu lhe disse, "Eu vou." Meu marido me disse, "Não." Ele ficou me impedindo, mas eu queria ir. Estavam precisando de ajuda. Eu não consegui ficar em casa. Estava muito brava com ele, porque eu queria ir. Era o mínimo que eu poderia fazer.

Ele disse que ia subir a serra e saiu de carro. Na mesma hora eu liguei para minha cunhada e disse, "Vem para cá, que vou ao ginásio ajudar." Deixei as crianças com ela e fui. Minha vizinha me levou.

Mas ver na TV e o que noticiavam é uma situação. Estar lá, foi completamente diferente. Cheguei às 11 horas [de domingo de manhã] e não haviam aberto os portões ainda. Então estava aquela multidão... um desespero, um caos total. Nós nos identificamos e entramos. Era o ginásio é onde funcionam as feiras. É um centro desportivo e eram vários pavilhões. Tudo se concentrou em três pavilhões.

À direita era o acolhimento das famílias. Grupos foram formados. Cada um tinha psicólogo, assistente social, enfermeira e médico. Estava um caos. Ninguém sabia o que fazer. Estávamos todos perdidos. Abriram os portões e as famílias começaram a entrar. Todos queriam saber dos seus filhos. E nós não sabíamos. Não sabíamos o que fazer. Não se sabe o que fazer. É a impotência. Não havia o que dizer. As pessoas perguntavam, "Para onde vou?" Lembro bem. Diziam, "Aonde vou? Fico aqui, ou vou ao hospital?" "Não sei, fique aqui." Eles davam os nomes dos filhos... Ai já foi horrível. Gente passando mal, sendo encaminhada aos médicos. E lembro que a médica disse, "Aqui é uma situação, mas lá dentro está muito ruim, quem não tem estrutura [emocional], não entra. Porque está demais; está terrível." Mas nós fomos. Era aquela confusão.

T: Vamos tentar organizar isso tudo um pouco. Vamos fazer o seguinte: vamos passar tudo que você viu como que se fosse um vídeo. Qual seria o começo do nosso vídeo? A conversa com a sua vizinha? Quando chegou às 11 horas no ginásio? Aonde começa todo esse negócio ruim?

C: Lá dentro.

T: Lá dentro. Em que momento você diria?

C: No momento em que vi os corpos. No momento de levar a família para o reconhecimento [dos corpos].

T: Em que momento termina essa situação? Quando você chega em casa? Quando você saiu de lá? Alguns dias depois? Até agora?

C: Na realidade... depois... uma semana depois. Eu tirei férias. Foi então que eu me acalmei. Saí da cidade. Acho que termina quando saí [da cidade], mas agora eu voltei para casa. Por isso está tão pesado.

T: Então durou uma semana [a parte pior?] E você voltou nos dias seguintes à tragédia para ajudar, ou foi só no primeiro dia?

C: Voltei na segunda, e na terça. Fui lá até para as reuniões. Algumas seriam ali para tomada de decisões... enfim, voltei na terça também.

T: Quando você pensa nisso, nesse impacto, nessas imagens, o que você pensa a seu respeito que seja negativo, falso e irracional?

C: Eu sou incapaz.

T: E se eu pudesse arrumar isso para ficar bem, com uma varinha mágica, o que você gostaria de pensar a seu respeito, que fosse positivo e verdadeiro?

C: Que eu fiz o que pude.

T: E quando pensa naquela cena, dessa experiência, e pensa nas palavras, *Fiz o que pude*, numa escala de um a sete, onde sete é completamente verdadeiro, e um é falso, quão verdadeiro você sente que são essas palavras agora pensando naquilo?

C: Uns quatro.

T: Quando você pensa naquela experiência difícil, que emoções aparecem para você agora?

C: Desamparo. Impotência.

T: E quanto lhe incomoda de zero a dez, onde dez é a máxima perturbação que você pode imaginar e zero é nada?

C: O quanto me incomoda? Acho que nove.

8

T: Sonia, você já sabe como funciona {mas sempre é bom uma explicação]. Às vezes, vão surgir coisas diferentes, às vezes não. O que vamos fazer hoje é repetir essa cena várias vezes na tentativa de ir dessensibilizando a perturbação ligada à lembrança. Vou lhe pedir para passar o vídeo do inicio ao fim, várias vezes. Vou fazer os movimentos, e você me diz quando devo parar. Você passa o vídeo, eu vou fazendo os movimentos, e você avisa quando tiver terminado de repassar o vídeo. Deixe seu cérebro fazer o que tiver que fazer. Se quiser parar, sabe que pode levantar a mão para parar; pode pedir para parar em qualquer momento e paramos.

Sei que é muito ruim. A esperança é que podendo trabalhar isso, vai ficar melhor. Você melhorando, pode fazer o quer: ajudar mais o pessoal de lá. Certo? Alguma dúvida, pergunta? [Sonia indica que não.]

Então vamos lá, quero que pense naquelas imagens, pense nas palavras, *sou incapaz*, sinta isso no seu corpo, deixa rolar o vídeo, e me avisa quando tiver terminado para a gente parar.

[Terapeuta começa os movimentos bilaterais (MBLs) e Sonia segue os movimentos de mão da terapeuta com os seus olhos.]

C: [Sinaliza para parar.]

T: Respire fundo. E agora?

C: As cenas que tinha... das mães.., querendo levar os filhos [mortos] para casa. E elas diziam, "Levanta! Acorda!" Essas cenas vêm com muita força.

T: Vou continuar com o movimento visual, mas se você precisar chorar, ou parar um pouquinho, posso continuar no seu joelho? [Sonia indica que sim.] (MBLs).

C: Continuo vendo, lembrando, aqueles pais, aquela raiva, pessoas com muita raiva, mãe gritando e chamando seus filhos. Era muito caixão, muito caixão entrando...[Terapeuta continua com os movimentos bilaterais (MBLs)].

T: Respire fundo.

C: Agora eu já não estou mais naquele pavilhão onde estão os corpos e as famílias. Me veio essa cena de um pai que veio pelas filhas, e o genro chorava... e a solidariedade das pessoas. Tinha um médico e ele fazia uma massagem, e se juntou àquela família. Eu fiquei ali, porque eram pessoas carentes; elas [as vítimas] eram universitárias. E essas duas irmãs eram de uma cidade próxima, e eram pessoas muito humildes. Eles não tinham condições. E não se sabia nem para que funerária ligar. Nós ligamos, eu e minhas colegas. Conseguimos que viessem. O que me chamou a atenção... agora me veio isso... foi a mobilização das pessoas; e ao mesmo tempo eles estavam preocupados... não com o sentimento. Lembro desse rapaz que perdeu a esposa. Ele teve que voltar para reconhecer [os corpos], porque eram duas irmãs, e a policia disse que ele tinha que entrar, porque as identidades poderiam estar trocadas. Ele não queria entrar. Eu fui junto com ele. Nós chegamos lá ele a reconheceu, e disse, *"Olha como ela é linda"*. Mas a verdade é que estavam todos pretos; não eram bonitos. Tinha um que me lembro que pensei, "Que tatuagem horrível." Esse me vem muito à mente, vermelho, vermelho; não era tatuagem. Ele estava todo queimado. (MBLs).

C: Agora me veio... eu 'tava pensando… *Sou humana*. Porque acho que é difícil para qualquer pessoa. E, de repente, naquela hora, busca-se forças não sei de onde, para poder tentar ajudar de alguma forma àquelas famílias. Eu… não fiquei mais… não aguentei mais… aquela parte dos mortos. Eu disse, *Eu não posso mais.* A gente tem os seus próprios limites. Então eu acho que eu fiz o que eu podia fazer.

Depois fiquei passeando pelo ginásio, escutando, e até chamando o psiquiatra para vir junto às família... Vendo medicação para as pessoas... levando mãe ao banheiro. Era o que a gente podia fazer. Nosso papel lá era esse. Eu fui para casa era uma dezoito horas. Mas até eu sair de lá foi assim... Depois picou toda a minha mão, por causa das luvas... Eu nem sabia que era alérgica [ao látex]. E ai, em casa, eu fui sair com os filhos. Também não podia mostrar o quanto eu estava triste. Não tem como. Foi muito sofrido... Então à noite eu desabei, né? (MBLs)

T: Respire fundo. E agora?

C: Eu me sinto um pouco melhor. Triste ainda, mas… pelo menos eu consigo falar sem chorar tanto.

T: Então me diga, pensando nessa experiência inicial quando você pensa naquilo agora, quanto é que lhe incomoda, de zero a dez, onde dez é o máximo e zero é nada.

C: Eu consigo visualizar de uma forma mais tranquila, mas... talvez dois.

T: O que é esse dois?

C: É mais aquele corpo que não me sai da mente no acidente. Aquele corpo queimado... Foi assim que se vê mesmo, né? E um outro... as mulheres estavam todas com lona, e esse rapaz não... e depois viu-se muito a foto dele no jornal. E ele me chamou muito a atenção porque ele já tinha bolhas no corpo. E eu pensava logo *"tapem ele"*.

T: Vamos com isso. (MBLs)

T: E agora, quando você pensa nessa experiência, qual o número de zero a dez, onde dez é o máximo, e zero é nada de perturbação?

C: Acho que nada. Já consigo visualizar. Já consigo ver e manter a clareza. Dentro das minhas condições, fiz o que pude.

T: De zero a dez, isso é...?

C: Máximo?

T: Dez é o máximo e zero é nada.

C: Zero.

T: Agora, quando você pensa nessa experiência difícil, nesse filme todo... você tinha falado as palavras, *eu sou capaz*, mas você também disse que, *eu fiz o melhor que pude"*. Você falou, *eu sou humana, que cada um fez o melhor que pôde; e eu também fiz o melhor que pude*. Qual dessas expressões você acredita que seja a melhor para descrever em termos adequados a sua atual percepção em relação àquilo?

C: Eu fiz o melhor que pude.

T: E quando você pensa nessas palavras "Eu fiz o melhor que eu pude" e pensa naquela experiência, numa escala de um a sete, onde sete é completamente verdadeiro, e um é completamente falso, quão verdadeiras você sente que são essas palavras "Eu fiz o melhor que eu pude" em relação àquilo, quando você pensa nisso agora?

C: Cinco.

T: Eu quero que você pense de novo no vídeo, pense nas palavras *"Eu fiz o melhor que pude"* e siga os movimentos. (MBLs)

C: É que... dentro das minhas condições... eu também tenho as minhas limitações. E é realmente o que eu podia dar. Eu não tinha mais... Por isso é que busquei me fortalecer. Ninguém está preparado para tragédias, né?.

T: É verdade.

C: Então é o que dava para fazer. É o apoio, o abraço, o conforto, levar no banheiro, segurar na mão. É... assim... muita solidariedade... muita. Realmente eu acho que fiz o que eu pude.

T: De um a sete, onde sete é completamente verdadeiro e um é falso, quão verdadeiras você sente que são essas palavras "Eu fiz o melhor que pude", agora, em relação ao incidente?

C: Sete.

T: Vamos fortalecer um pouquinho mais? Pense nessa experiência difícil, pense nessas palavras *"Eu fiz o melhor que pude"* e passe o vídeo mais uma vez. (MBLs)

T: (MBLs). Respire fundo. E agora?

C: Melhor. Até porque veio agora, de novo, o local, né? E tudo o que eu fiz... e da doação. Cada um doou... Por menos que fosse... Mas cada um doou até o fim... E como deve ter sido importante para essas famílias naquele momento, apesar de tanta dor... essa doação.

T: Agora eu quero que você feche os olhos um instantinho, pense nessa experiência difícil, pense nas palavras *"Eu fiz o melhor que eu pude"*, e veja se tem alguma perturbação no seu corpo ainda. {Sonia fecha os olhos e escaneia seu corpo.]

C: Não. Até porque antes eu estava com um aperto no peito, e agora não.

T: Bom, você sabe que depois da sessão, muitas vezes é comum o pensamento continuar. Então, se continuar, se você tiver aquelas lembranças, sonhos, pensamentos, tudo isso é normal. A gente fez a sessão quadradinha, fechadinha, dentro do que a gente gostaria mesmo de fazer com este protocolo. É óbvio que não tira a tristeza dessa experiência. Vai continuar havendo uma elaboração desse luto, dessa perda... realmente são cenas fortes... mas a esperança é de que pelo menos quando você pensa naquilo não lhe faça tanto mal como no começo dessa sessão. O que você acha?

C: Com certeza.

T: Volte, pense mais uma vez naquilo e veja como é que está agora.

C: Estou bem.

T: Quero lhe agradecer também pela sua generosidade em compartilhar essa experiência com a gente. E espero que de alguma forma isso também possa ajudar a essas pessoas que perderam tanto. Saber que eventualmente você pode voltar lá se quiser e a ajudar a tratar aos sobreviventes.

C: Eu é que tenho que lhe agradecer.

T: Creio que você pode contribuir mais um pouco quando estiver melhor. Tá legal?

C: Tá ótimo.

Segunda sessão:

Como Sonia estava no curso de formação em terapia EMDR, aproveitamos para ver como ela estava no dia seguinte, e gravamos uma breve sessão de seguimento.

T: Como é que você está hoje? Como estão as coisas?

C: Estou muito bem, estou tranquila. Tive uma noite de sono maravilhosa. Fazia muito tempo que eu não dormia... me acordo, que é o normal, todas as noites, até em função de outros motivos... mas dormi muito bem. Não tive pesadelos. Até lembrei de algumas cenas, mas de uma forma muito tranquila, muito tranquila mesmo. Eu me sinto bem... a única coisa assim é a dor nos ombros. Sinto uma dor, hoje, nos ombros, muito forte, tanto é que toda hora eu 'tô aqui me massageando para ver se passa. E aí, o que eu associo é ao peso que eu 'tava segurando há um mês. Estava muito pesado. Agora a coisa acalmou, então eu 'tô relaxando... Mas eu to me sentindo muito melhor.

T: O seu aspecto é completamente diferente. Você parece que rejuvenesceu pelo menos uns dez anos. Olha, é impressionante a diferença! Quando você pensa nessa dor nos ombros agora, numa escala de zero a dez, dez é a máxima perturbação, e zero é nenhuma, quanto lhe incomoda agora?

C: Ah, eu acho que uns quatro.

T: É? Você topa fazer um pouco de movimentos só para a gente ver se consegue resolver isso daí? A gente não tem muito tempo, mas a gente pode tentar, né? Então, concentre-se nessa dor, nessa perturbação no seu corpo, e segue os movimentos. (MBLs)

T: (MBLs). Respire fundo.

C: Melhor. Bem menos. Sinto um formigamento, mas uma coisa mais leve... bem mais tranquilo.

13

T: De zero a dez?

C: Ainda está em dois.

T: Vamos lá? (MBLs)

T: (MBLs). Respire fundo.

C: Bem tranquilo. Nossa...

T: De zero a dez?

C: Zero. Tranquilo. Tranquilo...

T: Vamos mais uma vez, pensa nas cenas que a gente trabalhou ontem, naquela experiência. Como é que está agora?

C: Bem tranquilo. Não tem crença negativa; só positiva. Eu sei que eu fiz o que eu podia fazer, de uma forma muito tranquila. Só para complementa: à noite eu me encontrei com meu sobrinho que não mora no Brasil e eles queriam saber [sobre o que aconteceu no incêndio]. E eu consegui relatar sem aquele sofrimento, sem aquele choro que de tarde eu passei aqui. Claro que há tristeza, isso ai nem se fala, comoção... isso vai levar tempo para gente trabalhar...

T: Isso é normal...

C: Normal... dentro do normal, mas de uma forma muito tranquila. Eu consegui conversar, consegui contar as coisas. Porque antes era só começar a falar e pronto! Não conseguia!. Então, estou bem tranquila. To bem mesmo.

T: Então, Sônia, mais uma vez eu queria lhe agradecer, pela sua generosidade de ter compartilhado isso tudo conosco. E... Realmente, acho que a diferença de ontem para hoje é uma coisa bastante grande, visível, bastante significativa. O reprocessamento pode continuar depois da sessão; você já sabe disso. Mesmo nos próximos dias é possível que outras coisas tenham seus desdobramentos, mas lembre-se também que esses ganhos terapêuticos são irreversíveis. Sabemos que o que você ganhou até aqui, você vai poder guardar isso e segurar.

C: Com certeza! Muito, muito obrigada!

Sessão de Seguimento

Dois meses depois, Sonia voltou para concluir a sua formação em terapia EMDR. Aproveitamos para sondá-la e ver como havia passado os meses depois da sessão inicial de terapia EMDR.

T: E aí, Sonia, conta um pouquinho para nós como você está, como estão as coisas. Faz quanto tempo que nós fizemos aquela sessão?

C: Dois meses.

T: Dois meses. Isso mesmo. Quando você pensa naquilo tudo que nós trabalhamos naquela primeira sessão, como está agora?

C: Está bem tranquilo. Eu saí daqui muito bem, muito bem mesmo. Até porque todos os dias na cidade, tu te deparas com as situações referentes à tragédia. Então não é algo que tu esqueces. Até porque, semana passada teve mais uma pessoa que faleceu, né? [A consequência do incêndio.] Então, tem muita movimentação. Tem familiares fazendo vigília. A cidade continua em luto.

Não tenho palavras para te agradecer, do fundo do meu coração. O bem que você me fez é enorme. Eu saí daquela sessão no sábado... bem, de noite, eu consegui verbalizar, contar tudo o que eu tinha passado. Eu consigo olhar para a cena, para o incidente... tudo... me lembro de tudo que aconteceu... claro, a tristeza é normal, mas de uma forma tranquila. Eu sei, eu tenho a certeza que eu fiz o que eu pude dentro das minhas condições. Um mês depois, eu comecei a atender uma sobrevivente da tragédia e foi muito...

T: E você conseguiu?

C: Com certeza! E ela está muito bem. Eu consegui... ela já está saindo, [de casa] que é uma coisa que ela não fazia mais, inclusive já foi até para boate. Então, para ela... e para mim, ter esse retorno de uma paciente...! Está super bem. Agora comecei [a atender] também uma pessoa que perdeu duas amigas. Então, assim, o sentimento de culpa é maior que o de sobrevivência, porque era para ela ter ido junto com elas e não foi. "Eu poderia ter salvado...." E, na realidade, não. Mas estou muito bem. Essa abordagem é fantástica.

T: Você está usando a terapia EMDR com elas?

C: Estou.

T: E está indo bem?

C: Está super bem. E a família agradece. *"Olha o que você está fazendo!"* As pessoas que estão participando perguntam, *"Escuta, o que você fez que ela mudou tanto?"* É a técnica, a abordagem que a gente está usando. Eu estou bem e, com certeza, estou conseguindo passar para elas isso. Tá ótimo.

T: Era isso que a gente estava precisando mesmo: que você pudesse ficar melhor para atender ou não atender, mas pelo menos, em primeiro lugar, que você pudesse ficar melhor. Às vezes as pessoas não se dão conta que assistir uma tragédia, ouvir o que aconteceu, ou ver a sequela da tragédia também é muito traumatizante. Então, mesmo que você não tenha passado pelo incêndio em si, o que você viu foi muito forte; assim como muitos dos médicos, enfermeiros, e outras pessoas de apoio, muita gente na cidade. E uma cidade relativamente pequena, onde as pessoas se conhecem. E foi um número muito alto de mortes precoces de uma forma tão trágica. E o fato de que você já está conseguindo inclusive ouvir essas histórias vindo diretamente das pessoas envolvidas isso é muito significativo. De certa forma, pudemos restaurar a possibilidade de você poder ajudar aos outros.

C: Com certeza. Com certeza. E tem histórias. Eu conversei com a mãe de um rapaz que perdeu dezesseis colegas. Então eu lhe disse, quem sabe tu traz ele para a terapia. Disse vamos fazer. É porque eu atendia a sobrinha dela e ela me perguntou, *"O que você fez com ela? Foi fantástico! Os pais querem vir aqui te agradecer."* *"Quem sabe tu traz teu filho?"* Só que as pessoas têm um pouquinho de resistência até por não conhecerem essa abordagem. Então elas estão vendo as pessoas que estão sendo atendidas e o resultado que estão tendo. A princípio esse rapaz também vai vir. Estou muito feliz, muito contente mesmo.

T: Eu quero mais uma vez lhe agradecer. Apesar que foi apenas uma sessão, deu para arrumar isso daí tudo em relação a esse trauma específico. E nós temos mais uma pessoa em Santa Maria que pode ajudar às demais pessoas também a saírem dessa. Isso é muito legal!

C: Eu que tenho que agradecer a oportunidade que tive de fazer este reprocessamento.

T: Que bom!

C: T: Mais uma coisa que eu acho super importante. Todos nós que estamos fazendo essa formação [em terapia EMDR], temos que fazer o reprocessamento para ver realmente a importância e a modificação que isso faz. É fantástico. Porque você passa isso para os seus pacientes, essa confiança.

T: É. Porque a gente passa a acreditar que a coisa funciona. Eu acho que o que você tá falando é importante, quem ajuda as pessoas também precisa ser tratado.

C: Com certeza!

T: Não é só os sobreviventes, mas quem trata, quem ajuda também precisa disso.

C: Sim. Com certeza!

Vários anos depois, voltei a entrar em contato com a Sonia, e os ganhos daquela sessão se mantiveram. Ela continuou a ajudar às pessoas que estiverem envolvidas na tragédia, tratando com a terapia EMDR que ela aprendeu no curso de formação, e que tanto lhe ajudou a reprocessar a experiência terrível que ela também passou.

É importante lembrar que *quem trata também sofre*. Quem trata precisa de ajuda. Trauma vicariante também é trauma e deixa sequelas se não for tratado.

Cara Feia

As pessoas têm a tendência de achar que só os traumas pesados, coisas muitos graves, atrapalham na vida. Mas uma das coisas que tem ficado cada vez mais claro com a terapia EMDR é que mesmo situações aparentemente banais deixam as suas marcas. A seguir vamos ver como as dificuldades no presente estavam ligadas a experiências infantis crônicas, mas que aparentemente não tinham uma maior importância. O que estamos vendo é que mesmo experiências adversas do tipo *"light"* podem deixar suas marcas na vida adulta. Quem sabe esta é uma das razões pelas quais a maioria das pessoas poderiam se beneficiar da terapia EMDR.

No começo dessa sessão estão incluída as instruções iniciais que se usa com os pacientes em geral, e os esclarecimentos introdutórios à terapia EMDR. A seguir descreve-se como provamos os movimentos para averiguar quais preferem e quais vão ser eliminados do arsenal de ferramentas. Também se destaca a metáfora escolhida caso haja necessidade de introduzir um distanciamento durante o reprocessamento.

T: Então, Selma, vamos começar?

C: Vamos lá!

T: Quando um trauma ocorre, parece que ele fica bloqueado no sistema nervoso junto com a imagem original daquilo que o causou, os pensamentos, as emoções, tudo isso. Esse conteúdo pode combinar realidade com fantasia, além de imagens que simbolizam um momento atual ou sentimento que nós temos em relação a ele. Os movimentos oculares que utilizamos no EMDR parecem desbloquear o sistema nervoso, permitindo ao cérebro processar a experiência. Isso, também pode acontecer durante o sono REM, movimentos rápidos oculares e os movimentos oculares ajudam a processar esse material não consciente. É importante lembrar que é o seu cérebro que vai estar realizando a cura e é você quem controla o processo.

Nós vamos observar o que você vai estar experimentando. Preciso que durante o processo você me diga de vez em quando o

19

que está acontecendo com você. Às vezes, as coisas vão mudar e às vezes, não. Eu vou perguntar como é que você se sente numa escala de zero a dez, onde dez é a máxima perturbação que você pode imaginar e zero é nenhuma. Algumas vezes vão haver mudanças e outras vezes não. Talvez eu pergunte se surgiu alguma outra coisa e, às vezes, pode surgir; às vezes, não. Não existe um "jeito certo" de fazer isso. Portanto, responda da maneira mais precisa possível o que está acontecendo sem julgar se deveria estar acontecendo assim ou não. Deixe que aconteça o que tiver que acontecer, porque seu cérebro sabe o caminho. Nós vamos fazer os movimentos oculares por um tempo e aí a gente conversa sobre o que está acontecendo.

Se em algum momento você quiser que eu pare, você deve fazer esse sinal com a mão. [Terapeuta levanta a mão para ilustrar.] Levante sua mão no sinal de pare para eu ver que você entendeu. [Cliente levanta a mão.] Ótimo. Se você estiver trabalhando de olhos fechados e abrir os olhos, eu também vou entender que isso é um sinal para eu parar, OK?

Vou reacomodar as nossas cadeiras para poder testar alguns movimentos bilaterais. Vamos ver quais são os que funcionam melhor para você. Acompanhe os meus dedos e me diga qual é a distância em relação aos seus olhos que fica mais confortável. [Terapeuta levanta os dedos da mão diante do rosto do cliente a uns 60-70 cm de distância.]

C: Mais perto.

T: OK. Vou aproximá-los devagarinho.

C: Tá bom. [Cliente manda parar a uns 50 cm do seu rosto.]

T: Veja se tá bom aqui?

C: [Balança a cabeça para cima e para baixo, em sinal positivo.]

T: Vou puxar minha cadeira um pouquinho para frente para me reacomodar. Assim posso fazer o movimento visual sem me cansar. (Terapeuta puxa a cadeira mais perto da cliente, mas sentada ao lado, e não em frente dela.)

T: Vamos provar o movimento horizontal. [Terapeuta faz o movimento horizontal.]Tudo bem?

C: Tranquilo.

T: Vamos provar o diagonal. [Terapeuta faz o movimento diagonal.]

C: Não. Não gostei.

T: Vamos provar o outro diagonal, porque, às vezes, as pessoas gostam de um e não gostam do outro. [Terapeuta faz o movimento diagonal.]

C: Também, não.

T: Vamos provar o auditivo. {Terapeuta prova os movimentos auditivos.]

C: Não.

T: Vamos ao tátil. Por favor, coloque suas mãos sobre suas pernas. Posso tocá-las?

C: Sim. [Terapeuta prova movimentos bilaterais nas mãos da cliente.] Tranquilo. Tudo bem.

T: Posso provar nos joelhos? [Terapeuta prova movimentos bilaterais nos joelhos da cliente.]

C: Melhor do que nas mãos.

T: OK. De vez em quando uma metáfora ajuda a gente a criar uma sensação de distância da gente e a experiência dolorosa. Por exemplo, você pode imaginar que está viajando num trem e pela janela observa os movimentos, os pensamentos, as imagens, os sentimentos, as emoções e até as sensações corporais como que se fosse uma paisagem que estivesse passando ou você pode imaginar que está assistindo uma experiência como se fosse um filme na frente da televisão ou do cinema, qual dessas metáforas você prefere?

C: A do cinema.

T: Você já tem um lugar tranquilo construído?

C: Tenho.

T: Você poderia me descrever como é?

C: Posso. É um terraço de um prédio em Nova York, que é um jardim. Tem um banco, flores, bastante verde e tem sol. Bate um ventinho e lá embaixo tem a cidade barulhenta.

T: E qual é a palavra que você tem associada a isso que lhe ajuda a trazer isso de forma presente?

C: É *tranquilidade*.

T: Tranquilidade. [Terapeuta anota.] Então, eu gostaria que você fechasse os olhos só um instantinho e você fosse a este lugar tranquilo.

C: [Cliente fecha os olhos.] Sim.

T: Está bem presente?

C: Sim.

T: Então, vamos continuar. Qual o tema que você gostaria de trabalhar?

C: Eu tenho um mal-estar com cara feia, quando as pessoas fazerem cara feia para mim. Eu perdi meu pai há cinco anos e com isso, veio a empresa que nós os filhos tivemos que tomar conta. Eu tenho uma irmã que é muito parecida com o meu pai, aliás, é a cara dele; tem o olhar igual, e aquilo sempre me incomodou muito. Eu tenho uma lembrança de pequena, onde eu queimei a televisão da casa e depois, meu pai ficou sem falar comigo um tempão.

C: Eu tenho duas lembranças, com a mesma cena: minha avó porque eu queimei o aspirador do pó, e meu pai porque eu queimei a televisão.

T: Então, você está lembrando a cena do seu pai?

C: Sim. A gente foi para uma fazenda no final de semana. Tinha mais pessoas e ele não conversava comigo. Conversava com todas as outras pessoas e me ignorava. Do jeito que eu lembro disso na minha cabeça, ele comprou um presente para alguém que estava de aniversário. Era uma batedeira de criança, uma coisa que eu queria muito. Pois, ele comprou para alguém, para a minha prima, uma afilhada. Eu me lembro que me senti muito mal com aquilo. E a minha irmã, quando a gente tem reunião de empresa, fica com aquelas caras. Dá vontade de me levantar e sair do lugar. Eu não quero mais isso. Me incomoda. Chega a me dar uma sensação física, um aperto no peito, um incômodo.

T: Quem sabe a gente começa trabalhando com a imagem mais antiga que você trouxe da história do seu pai.

C: Pode ser.

T: Se você pudesse me descrever uma cena, uma foto dessa imagem, da parte mais difícil de quando você era menina, qual seria?

C: Era a cozinha dessa casa na fazenda. Tinha várias pessoas. Era uma festa de família naquele final de semana. Eu estava na cozinha. Ele entrou na cozinha, e tinha mais gente. Ele entrou, conversou com alguém que 'tava lá, e não olhou para mim. E saiu. Eu me senti muito mal.

T: E quando você pensa nessa cena, nessa experiência difícil, o que você pensa a respeito de si mesma agora que seja negativo?

C: Eu acho que é: *eu fiz algo errado*. Eu sou... vem algo assim: *eu não me senti importante*.

T: Eu não sou importante.

C: É.

T: Podemos usar essa expressão?

C: Podemos.... acho melhor, *eu sou descartável*.

T: OK.

C: Acho que fica melhor.

T: E quando você pensa nessa cena dessa experiência difícil, o quê você *gostaria* de pensar agora a seu respeito que fosse positivo?

C: Que eu não sou descartável, que eu sou importante.

T: *Eu sou importante*, poderia ser?

C: Pode.

T: Então, quando você observa a cena dessa experiência, quão verdadeiro você sente que são essas palavras positivas, *eu sou importante*, numa escala de um a sete, onde sete é completamente verdadeiro e, um, completamente falso?

C: Pensando nessa cena?

T: Pensando nesta cena e nas palavras, *eu sou importante*.

C: Um.

T: Totalmente falso?

C: É.

T: Quando você traz essa experiência à sua mente agora, junto com as palavras negativas, *eu sou descartável*, quais as emoções que aparecem agora?

C: Um incômodo no peito, assim.

T: Isso é mais a sensação física.

C: Você quer uma emoção.

T: Sim, tô procurando a emoção.

C: Desconforto. É uma sensação.. uma ansiedade.

T: Ansiedade?

C: É.

T: OK. Numa escala de zero a dez, onde dez é a máxima perturbação que você pode imaginar, e zero é nenhuma, quando você pensa nessa imagem, nessa experiência difícil que você acaba de me descrever, quanta perturbação você sente agora?

C: Uns sete.

T: OK. Você disse que é como um mal estar no peito.

C: Aqui (leva a mão na região do peito). O coração bate mais.

C: Sim. O coração está acelerado.

T: Então, vamos começar o trabalho da dessensibilização. Você já sabe como funciona. Você pode parar em qualquer momento com o sinal de pare. Volte a pensar naquela experiência difícil, pense nas palavras negativas, *eu sou descartável,* localiza isso no seu corpo e siga meus dedos. (MBLs). Respire fundo; solte.

C: Eu fiquei vendo a cena. Tinha movimento na cozinha e as pessoas conversando e eu 'tava ali.

T: Vamos com isso. (MBLs). Respire fundo.

C: A cena ainda é na cozinha. Meu pai entra, e conversa com as pessoas. Eu fico olhando e é como se eu não fosse notada. Vêm umas outras cenas misturadas de outras coisas que eu vivi... quando eu levei dois pontos na perna, porque eu subi em cima do guarda roupa. Quando eu fui descer o puxador era pontudo e fincou na perna. Aí eu fiquei com medo... dos meus pais chegarem e aquilo ser um incômodo, aquilo tudo ser um tumulto. Eles me levaram para o hospital, mas me disseram, *você não pode chorar porque você aprontou. Se você não tivesse subido lá em cima não tinha acontecido.*

T: Vamos com isso. (MBLs). Respire fundo.

C: Me veio a cena do meu pai na minha casa, já na casa em que eu morava. Ele era sempre muito sério, muito cara de brabo. A gente conhecia ele pelo caminhar na casa. O corredor era de madeira, e ele tinha um molho de chaves. Então, quando ele caminhava a gente sabia que ele estava passando. Quando tinha que ir para o colégio, e era ele quem ia levar, tinha que todo mundo ir muito rápido para o carro, senão, ele ficava brabo. A minha mãe era muito tranquila, até demais. Eu lembro da minha mãe dizer que a gente tinha que ficar arrumada, comportadinha, porque ele ia chegar e se ele não gostasse do que ele fosse ver em casa, ele podia não gostar de ficar em casa.

T: Vamos com isso. (MBLs). Respire fundo.

C: Vieram várias cenas, mais da minha mãe sempre falando que a gente tinha que ser muito comportada e não brigar, não incomodar. Meu pai viajava muito e quando ele vinha para casa se, ainda tivesse briga, não ia gostar de ficar em casa. Me lembro sempre eu queria muito já poder ir embora, ter minhas coisas e viver.

Também veio uma outra cena que é de uma briga que eles tiveram já há muitos anos, eu era pequena e me lembro de ter ouvido atrás da porta, uma briga que os dois tiveram na cozinha de novo, mas era uma outra cozinha e me lembro que a minha mãe estava fervendo leite, acho que era para fazer mamadeira para minha irmã menor. Eles brigavam porque meu pai tinha recebido uma carta anônima, que minha mãe tinha um caso com alguém. Eles brigavam muito e eu ouvindo atrás da porta.

T: Vamos com isso. (MBLs). Respire fundo.

C: Me vêm várias cenas do meu pai, porque assim depois dessa briga que ele teve com ela, porque era um problema que minha mãe teve no colégio com a troca de diretora e várias professoras receberam cartas assim. Os maridos receberam essas cartas, mas que ele não; ficou emburrado meses, sem conversar com ela em casa. Aí eu acho que não conversava com ninguém. Me lembro de ver minha mãe chorando no quarto algumas vezes; outras discussões e ele quieto. Meu pai ficava meses, semanas, quando ele emburrava e não falava com ninguém. Ficava na dele e essa cara era muito ruim. O clima ficava muito pesado. Me lembrei também de fatos quando chegávamos em casa de noite, de alguma festa, e a gente entrava na ponta dos pés. Era só passar na frente do quarto que ele abria a porta e 'tava esperando. Era aquela cara de quem diz assim: *sempre as últimas a chegar em casa.*

T: Vamos com isso. (MBLs) Respire.

C: Me vem cenas das refeições na mesa em que a gente tinha que ficar ali. Normalmente na mesa tinha briga. Nós somos em quatro filhos, então, não podia brigar quando ele estava. Tinha que ficar quieto, porque era o horário também de conversar no telefone com a bolsa de Chicago. Ele trabalhava na bolsa de compra e venda de ações. Era o horário do almoço no Brasil. Então não podia falar direito. Ou então na hora da janta que tinha que ficar quieto porque tinha o Jornal Nacional. Enfim, a gente tinha que respeitar muito o ritmo imposto. Como ele viajava muito, quando ele estava em casa era de um jeito; quando ele não estava em casa era outro jeito. Mas, ele sempre com a cara fechada.

T: Sei. Vamos com isso. (MBLs) Respire.

C: Fica a cena para mim, nós todos numa mesa da cozinha, na refeição e ele comendo e absorto nas coisas dele; meio silêncio, meio todo mundo quieto. Tinha que pensar para falar, para não ficar pior, ou para ele não ficar de mal humor, porque dependendo do que se falasse podia desencadear alguma coisa.

T: Problema?

C: Uma cara feia.

T: Uma cara feia?

C: É.

T: Vamos voltar a imagem original com a qual nós começamos. Numa escala de zero a dez, onde dez é o máximo de perturbação que você pode imaginar e zero é nenhuma, quanto que lhe incomoda agora, quando você pensa naquilo?

C: Sete ainda.

T: O que tem nessa cena que incomoda tanto?

C: A indiferença.

T: Sei. Vamos com isso. (MBLs)

C: Me vem agora que a coisa que mais me incomoda dessas cenas e a da minha avó também é que as pessoas percebam que ele não fala comigo.

T: E isso? (MBLs)

C: E isso me faz me sentir muito mal, como se eu fosse excluída do processo.

26

T: Sei. (MBLs)

C: Fiquei pensando que, talvez, eles fossem pessoas muito mal humoradas! [Risos].

T: Parece, né?

C: E que eu era muito pequena para entender isso, né? Parecia que era comigo.

T: Sei. Vamos com isso. (MBLs)

C: Parece como se isso me paralisasse. Esse tipo de atitude me paralisa e eu não me movo. Mas pensei assim: podia ter saído daquele lugar, podia ter ido brincar.

T: Pensa nisso. (MBLs) Respire.

C: Então, eu tento ir brincar, mas não consigo.

T: O que lhe impede?

C: É como...

T: Sim?

C: A sensação que me dá é que eu fico entre ir e ficar... por que eu não pergunto se eu fiz alguma coisa errada?

T: Sei.

C: Mas aí eu penso que eu era muito pequena para perguntar isso.

T: É verdade. (MBLs)

C: Eu acho que ficava muito preocupada com ele e com a minha mãe... a cara feia dele. Se a gente incomodasse muito e ele fosse embora, a culpa seria nossa. Aí me lembrei de uma briga na praia. Eu tinha uns 15 ou 16 anos. Não me lembro o motivo da briga, mas minha mãe entrou no banheiro comigo e falou que ela não podia se separar do meu pai porque com o salário dela, ela não poderia sustentar a gente. Só que ela falou como se ele não fosse sustentar a gente, né! Era a história. Isso é uma racionalização que eu fiz depois, mas me lembro disso sempre como uma coisa meio de ameaça.

T: De ameaça, sim...

C: Mas mais forte é a minha sensação de que isso aconteceria. E no final eles nunca se separaram. Mas ele sempre de mal humor e eu, com a minha preocupação de como as coisas estavam.

T: Parece mesmo que teve muito de ameaça mesmo, né?

C: É, não é nada real, não tem nada concreto...

T: Mas se sua mãe lhe diz assim: *eu não posso me separar de seu pai*, parece que tem uma ameaça que paira aí, de que eles poderiam se separar se você não se comportasse bem.

C: Sim, sim. É isso.

T: Vamos com isso. (MBLs)

C: [Levanta a mão em sinal de pare.] Vem uma coisa assim: para mim cara feia significa: *alguma coisa ruim pode acontecer*. Se tiver de cara boa, está tudo certo.

T: Vamos com isso. (MBLs).

C: Veio uma coisa assim: para mim, cara feia significa que as coisas não estão bem, e ele pode ir embora. E depois eu pensei: mas se eles forem embora o que pode acontecer?

T: O que pode acontecer? (MBLs). Respire fundo.

C: Me bloqueou.

T: Então, vamos voltar para a experiência original, aquela que a gente começou. Agora quando você pensa naquilo, numa escala de zero a dez, onde dez é a máxima perturbação que você possa imaginar e zero é nenhuma, quanto lhe incomoda agora?

C: Uns 5.

T: O que é esse 5?

C: Agora eu vejo a cena assim: ele entra, conversa com as pessoas. Eu tô ali, mas eu não me sinto mais... parece que não é mais tão pessoal.

T: Não é comigo?

C: É. Isso.

T: Vamos com isso. (MBLs). Respire fundo.

C: Era coisa dele. Mas agora quando eu olho essa cena, vejo os adultos ali conversando, mas eu não me sinto mais tão de fora. É como se eu não tivesse que estar ali mesmo. Aquilo não é lugar para criança. Eu devia estar lá fora brincando. As outras crianças estavam lá fora, e eu ficava escutando.

T: (MBLs).

C: Veio uma coisa assim: quem sabe não tinha nada a ver com a televisão. Talvez ele estivesse bravo naquele dia por outras coisas e eu que fiz a ligação de que fosse comigo.

T: Parece que ele vivia emburrado, né.

C: É, exato, parece que foi só mais uma.

T: Mais uma coisa. Vamos com isso. (MBLs)

C: Veio que ele era emburrado mesmo. Então deixa ele aí, e eu vou para fora. Isso não é problema meu.

T: (MBLs)

C: Me vejo brincando lá fora. Mas aí me veio uma imagem assim: será que era a minha mãe que falava que ele estava emburrado comigo? Vai ver que era ela quem dizia isso... Não era ele; era ela.

T: Vamos voltar à experiência original. Agora quando você pensa naquilo, quanto lhe incomoda de zero a dez?

C: Ah, um.

T: O que é esse um?

C: É meio uma dúvida...para não ser zero. Eu não sei. Parece muito rápido para ter baixado tanto!

T: Vai atrás da dúvida então. (MBLs)

C: É, eu me vejo fora daquele lugar, da cozinha. Tô lá fora. Não me incomoda.

T: Não me incomoda de zero a dez significa zero?

C: É. Isso.

T: As palavras, *sou importante*, ainda são válidas para essa cena ou tem outras palavras que você usaria?

C: Eu acho que sim.

T: Então, pensando nessa experiência inicial e nas palavras, *eu sou importante*, numa escala de um a sete, onde sete é completamente verdadeiro e um é completamente falso, quão verdadeiro você sente que são essas palavras positivas agora?

C: Talvez não seja, *eu sou importante*.

T: Sei. O que seria?

C: Talvez seja algo como, posso cuidar da minha vida e brincar... *posso cuidar da minha vida*. Não nesse nível de importância, mas no sentido de que eu posso me despreocupar.

T: Qual é melhor: *posso cuidar da minha vida* ou *posso me despreocupar*?

29

C: Pensando na cena, *posso me despreocupar*. Não é comigo.

T: Isso. Não é comigo.

C: Exato.

T: Então, quando você pensa nessas palavras, *posso me despreocupar*, numa escala de um a sete, onde sete é completamente verdadeiro e um é completamente falso, quão verdadeiras você que são essas palavras agora?

C: Sete

T: Pense na experiência inicial, pense nas palavras, *posso me despreocupar*, e siga meus dedos. (MBLs) Respire.

C: Sete.

T: Sete?

C: Sim. Tá tranquilo. [Risos].

T: Feche os olhos um instantinho e se concentre nessa experiência difícil que a gente acabou de trabalhar, e nas palavras positivas, *posso me despreocupar*, e vai examinando todo o seu corpo, e me diz se você sente algum desconforto, alguma perturbação.

C: Não. Tá tudo tranquilo.

T: Tudo tranquilo. Este reprocessamento que nós fizemos hoje pode continuar depois da sessão. É possível que durante o resto do dia ou da semana você tenha outros *"insights"*, outros pensamentos, outras lembranças podem surgir, você pode ter sonhos em relação a isso. Se isso acontecer preste atenção no que está experimentando. Você fez um processo muito bom. Está muito bem "fechadinho", mas se por acaso acontecer alguma coisa, quero que você se sinta a vontade para telefonar. Eu acho que não vai acontecer nada demais, mas eu sempre gosto de deixar essa possibilidade. Da próxima vez a gente vai trabalhando as coisas que vão surgindo.

C: Tá bom.

T: Muito bem. Até a próxima.

Fobia de Ratos

Quem sabe as fobias ou os medos aparentemente irracionais são alguns dos problemas que mais afligem as pessoas. Há muitos tipos diferentes de medos: elevador, avião, escada rolante, altura, sair de casa, lugares fechados, animais – a lista é grande. O que têm em comum é o aspecto limitante. Há muitas coisas que a pessoa não consegue fazer por mais que queira ou se esforce. Mesmo quando finalmente consegue superar o medo, isso acontece com enorme desgaste e aflição. A pessoa até consegue subir no avião, mas sofre o voo inteiro.

O caso relatado a seguir exemplifica a situação clássica onde uma experiência anterior causa a fobia, quem sabe as pessoas não se dão conta das consequências que há em insistir em certas condutas ou sujeitar crianças a experiências que vão lhe causar sofrimento toda a vida. Uma das coisas que não se entende bem popularmente é que trauma – especialmente aquele que causa a fobia – não melhora com o tempo. Pelo contrário: a tendência é piorar. A verdade é que não se resolve sem tratamento. O tempo passa, mas o problema não melhora. E por mais que racionalmente se saiba ou se explica que elevador não é o bicho papão, não adianta. A parte irracional (e fóbica) lá dentro continua acreditando que o perigo é iminente. De fato, um dos aspectos mais caraterísticos da fobia e dos transtornos de ansiedade em geral é a sensação de estar sujeito a uma situação de perigo. Todos os alarmes internos disparam: *"Perigo! Perigo! Perigo!"*

Também acontece de as pessoas desenvolverem fobias sem poderem se lembrar da causa. Às vezes durante a terapia EMDR essa lembrança é recuperada apesar de não ser proposta terapêutica do EMDR o resgate de memórias. Mas acontece com suficiente frequência para nos alertar que ninguém é fóbico de graça. Algo aconteceu, mesmo que a pessoa não se lembre.

Em alguns casos, quando realmente não se lembra da experiência originária, pode-se suspeitar de experiências intrauterinas, partos difíceis ou algo que tenha acontecido nos primeiros meses ou anos de vida. A criança só passa a ter memória cognitiva a partir dos 24 meses em geral, então as lembranças anteriores costumam ser apenas somáticas. O corpo lembra de tudo, desde a concepção, mesmo que a mente não o faça.

Karen é uma colega que se ofereceu para fazer uma sessão a fim de tratar seu medo de rato. Comentou que tinha absoluto pavor de ratos. Veja o que uma sessão de terapia EMDR mudou na sua vida.

T: Você comentou que tinha muito medo de ratos. Como é que está agora?

C: Como é que está agora? É um problema bem antigo e que me incomoda bastante. Durante a faculdade, a situação que mais me incomodou foi uma das últimas turmas em que a gente tinha que manusear rato, isso é, abrir os bichinhos. Aí eu passava muito mal. Entre idas e vindas, o professor falou "*Eu vou te reprovar*". Eu falei: *Não!* (risos nervosos) Eu faço qualquer coisa, mas não me põe lá. [junto com os ratos]. Aí ele teve que pegar na minha mão e ver que realmente não dava [para eu pegar em rato]. Isso se estende a caminhar na praia com as amigas. Se elas disserem, "Ah, tem um rato!", eu paraliso (risos nervosos). Paraliso e tem várias coisas que me acontecem, mas hoje se vejo na televisão, eu passo mal. Meu marido até fazia brincadeira comigo no começo do namoro. Dizia, "Ah, é história, é história!", até o dia em que eu desmaiei. Daí ele falou, "*Ah, realmente não é história*". Então, se eu vejo na televisão, ou se eu ouço falar, já me dá uma sensação ruim. Se eu vir a imagem, uma imagem parada, já começa me dar uma sensação ruim.

T: Bom, você lembra a primeira vez que isso começou a acontecer?

C: A primeira vez que começou a acontecer? Eu só tenho registro da cena que eu acredito ser o estopim da coisa.

T: Vamos lá.

C: É... a nossa família, tanto a do meu pai quanto da minha mãe tem, ou melhor, tinham terra no interior. Meu avô tinha sítio e a gente ia muito lá. A noite os primos, toda a criançada corria, até' que nos diziam que era hora de todo mundo se recolher. No meio daquela gente toda, uma vez meu pai tinha ido pescar com os meus tios. Chegaram tarde da noite. Já era escuro, então ninguém se arriscava a sair, nem sei bem porquê. A casa era de madeira, e o pessoal chegou e começou aquela correria e gritaria das crianças.

De repente minha tia disse, *"Ah, tem um rato, tem um rato, um rato passou aqui chama um homem para resolver isso!"*

Aí, o meu pai, daqueles italianos fortes... como eu sou a primeira filha e deveria ter nascido homem e não fui... falou assim:

"Porque tá correndo de medo?"

Aí eu comecei a ficar tensa.

"Ah, não sei; é um rato." Nem sabia direito o que era rato.

Ele falou, *"Não pode ter medo."*

"Ah, mas eu tenho; não pode ter, mas eu tenho."

"Então vem aqui que você vai perder o medo hoje."

Aí, minha mãe, minha tia, todo mundo: dizia: *"Não faz isso! Não faz isso!"*

"Eu vou fazer, sim!". Ele já tinha tomado uns vinhos, eu acho. E estava determinado.

Os homens tinham pegado o rato, e mataram; enfim, meu pai pegou o dito cujo pelo rabinho assim (Karen mostra). Ele me sentou no colo dele e falou, *"Agora você vai perder o medo do rato, tá vendo."*

E, ai!! aí eu comecei a gritar. *"Vai perder o medo, sim"*, ele dizia.

Eu só queria sair dali. Minha mãe queria me tirar, mas não, ele não deixava.

"Ela vai ficar aqui," ele disse. Foi aquela coisa toda.

"Olha, só vou por aqui na tua perna, para tu perder o medo", e colocou o rato morto na minha perna, e aí acabou. Eu sinto isso... oh, tremo até a boca, até hoje! Horrível!

T: Disso que você me contou qual é o pior momento para você?

C: Dessa cena? É quando ele põe o rato na minha perna, que aí eu acho que concretizou que o rato estava morto.

T: Quando você pensa nessa situação, o que você pensa a seu respeito que seja negativo?

C: Que seja negativo? Na verdade, voltando só um pouquinho, é assim, quando ele coloca na minha perna, eu queria que ele tirasse, então eu tinha que concordar que eu não tinha medo, quando eu disse que não tinha mais medo, *"então você está liberada"*. Só então eu saí. Ele tirou o rato, daí eu saí do sofrimento. Então para mim são duas coisas; concordar com o meu pai que está dizendo que não pode ter medo, e impotência de não poder fazer nada. De ser impotente e não ser forte.

T: Eu tenho que concordar e eu sou impotente?

C: Eu acho que é, *eu sou impotente*, porque a questão dele era colocar em mim uma força, uma coragem, que na verdade não sei se era para ter, né, mas enfim...

T: Dessas duas expressões, quando você pensa no ratinho na sua perna, qual das duas explica melhor o que você sente? O que você pensa?

C: Impotência.

T: Temos aí: sou impotente?

C: Sou impotente.

T: Você tinha quantos anos de idade?

C: Olha, eu acho que no máximo oito; não tinha mais do que isso.

T: Então, quando você pensa nessa experiência difícil quais são as palavras que melhor descrevem o que você gostaria de pensar a seu respeito agora que fossem positivas?

C: Hoje, ai eu sou corajosa ou eu sou forte, não, pode ser eu sou corajosa. Cabe melhor.

T: Numa escala de um a sete, onde sete é completamente verdadeiro e um completamente falso, quando você pensa nessa experiência difícil, quão verdadeiras você sente que são essas palavras, *eu sou corajosa*, agora em relação àquilo?

C: Dois. Ah, não desculpa. O sete é completamente verdadeiro, ou seja, eu sou corajosa?

T: É

C: Ah, então é o sete.

T: Sete é, eu sou corajosa e um, eu não sou.

C: Então eu acho eu diria um.

T: Um?

C: É.

T: E quando você pensa nessa experiência difícil e se lembra dela, quais são as emoções que aparecem para você?

C: Nossa! (risos nervosos) Tudo. [Risos]. Treme a boca, treme a mão; suo frio, transpiro, congelamento geral. Isso que eu não tô vendo ele aqui agora, né. Tá só na minha cabeça.

T: Essas são as coisas que você sente no seu corpo. Eu queria saber quais são as emoções. Emoções são assim: medo, vergonha, ansiedade...

C: Medo, desespero, pavor, aflição.

T: E numa escala de zero a dez onde dez é a máxima perturbação que você pode imaginar na vida e zero é nada de perturbação.

C: Um dez. [Risos].

T: Então, tá. Nós vamos fazer o seguinte. Eu vou pedir para você manter na sua mente alguns de seus pensamentos perturbadores, enquanto você segue os meus movimentos bilaterais Eu vou fazer isso por um tempo . Depois eu vou parar e você apenas me diga o que experimenta. Se surgir alguma coisa que você não queira me contar não tem problema. Vou apenas pedir para você continuar e que guarde essa informação. Se der para compartilhar depois, tudo bem.

Às vezes, as coisas vão mudar, e às vezes não. Pode ser que eu lhe pergunte se surgiu alguma coisa. Às vezes, vão mudar algumas coisas, vão surgir coisas novas, e às vezes, não. Não tem um jeito certo de fazer isso. Simplesmente deixe o processo acontecer do jeito que tiver que desenrolar. Responda da maneira mais precisa possível sobre o que estiver acontecendo, sem julgar se deveria estar acontecendo assim ou não. Deixe que aconteça o que tiver de acontecer. Eu vou fazer alguns movimentos bilaterais e depois nós vamos falar sobre o que aconteceu. Tem alguma pergunta?

C: Não.

T: Então tá. Então, eu quero que você volte a pensar naquela cena que compartilhou.

C: Começa a tremer a boca (risos nervosos).

T: Pense nas palavras, *Eu sou impotente*, sinta essas coisas no seu corpo e siga meus movimentos. (Terapeuta começa os movimentos bilaterais visuais – MBLs.)

T: (MBLs). Respire fundo; solta. E aí?

C: Que medo, mas começo a voltar.

T: Vamos continuar?! Você sabe que pode me pedir para parar em qualquer momento, tá legal? Se você ficar assim muito angustiada com alguma coisa e precisar parar, você me avisa. Se você puder aguentar, às vezes, pode ser melhor porque assim a gente vai resolvendo, mas não força a barra!

C: Tá. (MBLs).

T: Respire fundo; solte. E agora?

C: Tá, melhorando.

T: O que está melhorando?

C: Ah, minha mandíbula não está tremendo tanto.

T: Vamos continuar? (MBLs). E agora?

C: Estou mais calma.

T: Ok. Então, voltando a essa experiência inicial, quando você pensa naquilo, numa escala de zero a dez, onde dez é a máxima perturbação e zero é nenhuma, quanta perturbação você sente agora, quando você pensa naquilo?

C: Acho que uns sete.

T: O que é este sete?

C: Tem um certo, uma certa aflição ainda.

T: Vamos com isso, então. (MBLs). Respire fundo, e agora?

C: Vai diminuindo a intensidade. Dá aflição, mas parece que vai diminuindo. A cena parece que vai diminuindo um pouco também.

T: Vamos continuar?

C: Sim.

T: (MBLs). E agora?

C: Melhor, penso que está melhor, bem melhor.

T: E agora numa escala de zero a dez, onde dez é a máxima perturbação e zero nenhuma, quando você pensa nesta experiência que nós estamos trabalhando, quanto você tem de perturbação agora?

C: Perturbação no corpo, já dá um certo conforto. Em relação a lembrança da cena, ainda uns cinco.

T: O quê é esse cinco?

C: É ter de olhar para o animal. Sei que ele não vai fazer nada, mas é muito ruim ainda assim

T: Vamos lá? (MBLs). Respire, solta; e agora?

C: Engraçado, a cena fica meio difusa quando eu tento lembrar.

T: Vamos mais um pouquinho. (MBLs). (MBLs). Respire fundo; solte, e agora?

C: É uma sensação diferente quando penso nisso. Até me sinto mais quente; está um pouco mais quente. É mais confortável.

T: E agora, numa escala de zero a dez, onde dez é a máxima perturbação e zero é nada, quanta perturbação você sente agora, quando você pensa naquilo?

C: Acho que três, talvez.

T: O quê é esse três?

C: Três, é porque sempre quando tem esse movimento na minha vida, que aparece qualquer chance disso [um rato] acontecer, uma imagem, eu fico imaginando assim que é toda uma invasão dos bichos. Coisa estranha, agora não consigo nem pensar nisso, mas mesmo assim, acho que é por isso que me acompanha por bastante tempo... essa sensação de desconforto mesmo.

T: Vamos com isso. (MBLs). (MBLs). Respire fundo; solte e agora?

C: Agora, bem, bem, bem melhor [Risos]. Acho que é um, sim.

T: O quê é esse um?

C: Esse um é o bicho em si [Risos]. É o aspecto, meio estranho e nojento, é nojento, mas acho que isso é só do bicho mesmo.

T: Vamos lá? (MBLs). Respire e agora?

C: Interessante [Risos] tá muito mais confortável, bem mais confortável.

T: E agora quando você pensa naquela experiência, numa escala de zero a dez, onde dez é o máximo de perturbação e zero é nada, como é que está agora?

C: É interessante mesmo. Já não é tá tão nítido para mim a imagem, como quando estava aqui com as lembranças. Passou um filme rápido com todos os momentos importantes onde eu tinha que argumentar e pedir, *por favor entenda que eu tenho medo, entenda por favor*; as milhares de negociações que eu já fiz. É, não tem mais necessidade. É como se eu falasse assim, *não preciso mais negociar.*

T: Fica com isso. (MBLs). Respire. E agora?

C: Tranquilo.

T: Então agora quando você volta nessa experiência difícil que nós estamos trabalhando, numa escala de zero a dez, onde dez é a máxima perturbação e zero é nenhuma, quanta perturbação você sente agora, quando você pensa naquilo?

C: Agora nenhuma.

T: Ok. Pensa nessa lembrança difícil, quando a gente começou você disse que queria pensar que é corajosa, *sou corajosa.* Essas palavras ainda são válidas ou tem outras palavras que você quer reforçar em vez dessas, e que sejam mais apropriadas?

C: Acho que *sou corajosa.*

T: Ok. Então pense nessa experiência difícil; pense nas palavras *eu sou corajosa*, e numa escala de um a sete, onde sete é completamente verdadeiro e um é completamente falso, quão verdadeiro você sente que são essas palavras, *eu sou corajosa* agora, quando você pensa naquilo?

C: Uns seis.

T: O quê é esse seis?

C: Esse seis aí é um pouquinho de dúvida [Risos]. Será que eu consigo [Risos]? Fica aquele negócio, meus sogros tem casa no interior e eu sempre entro lá conferindo se tem rato. Imagina! É super limpo. Não tem nada a ver, mas eu confiro. É a dúvida.

T: Então pense nessa experiência difícil, pense nas palavras *eu sou corajosa*, e siga meus movimentos. (MBLs). Respire, e agora?

C: Você me dá licença (tirando o agasalho), estou com muito calor [Risos]. Ai, que coisa fantástica.

T: Então, agora quando você pensa naquela experiência inicial e você pensa nas palavras eu sou corajosa, de um a sete, sete é completamente verdadeiro e um é completamente falso, quão verdadeiro você sente que são essas palavras agora em relação àquilo?

C: Acho que agora é sete mesmo.

T: Vamos fortalecer para você levar um sete poderoso para casa?

C: Tenho que me garantir [Risos].

T: Vamos lá. (MBLs). E agora?

C: Agora, eu tô quente.

T: Descongelou?

C: Agora eu já descongelei literalmente. Descongelou.

T: Então tá, em uma escala de um a sete, onde sete é completamente verdadeiro e um completamente falso, quando você pensa naquela experiência inicial e você pensa nas palavras *eu sou corajosa*, como é que está?

C: Agora está bem forte mesmo. Sete.

T: Agora eu quero que você se concentre naquela experiência difícil e que você dê uma escaneada no seu corpo, pensando nessas palavras positivas *eu sou corajosa*. Examine todo o seu corpo e me diga se tem alguma perturbação?

C: É, só meu coração que agora estou na dúvida se é o calor que está fazendo isso, se está um pouquinho acelerado, que normalmente ficava aqui na nuca (eleva a mão em direção a nuca).

T: Pense nisso. (MBLs). (MBLs). Respire fundo.

C: Tudo bem.

T: Examine seu corpo, pensando naquela experiência inicial. Pense naquelas palavras positivas *eu sou corajosa* e vê se tem alguma perturbação no seu corpo.

C: Não.

T: De zero a dez, onde dez é a máxima perturbação e zero é nada?

C: Zero.

T: Antes da gente fechar a sessão eu queria te fazer uma propostinha [Risos]. Queria que você se imaginasse indo para o sítio dos seus sogros, e se vendo agora que você é corajosa. Passe um filme. Imagine que você vai lá no sitio, pense nas palavras *eu sou corajosa* e veja o que acontece (MBLs). (MBLs). Respire fundo.

C: Tranquilo.

T: Vai dar?

C: Vai. Bem diferente.

T: Quando você pensa de ir lá e você pensa nas palavras eu sou corajosa, eu posso enfrentar, numa escala de um a sete, sete é completamente verdadeiro e um é falso.

C: Sete, agora dá para encarar [Risos].

T: Karen, o reprocessamento que a gente fez hoje pode continuar depois da sessão. Pode ser que durante o resto do dia ou da semana você tenha novos *"insights"*, pensamentos, lembranças ou até sonhos. Se isso acontecer, apenas preste atenção no que está experimentando, no quê você sente, no quê você vê, pense e atente para os disparadores. Se você puder, compre um caderninho para manter um diário das coisas que vão surgindo durante a semana e vai anotando: o que vai lhe acontecendo, esses novos *"insights"*, sonhos e traz para a próxima sessão de terapia. Se você precisar, você entra em contato comigo.

Então, como você está agora?

C: Tudo bem. Bem, estou me sentindo normal. Estou me sentindo normal, porque a sensação que eu tinha antes era de que eu era anormal no meio de todo mundo. Ninguém tem medo. Agora não. Não estou mais desesperada.

T: Eu quero lhe agradecer por você compartilhar essas experiências com a gente, o que nos permitiu fazer parte da sua história. E espero, realmente, que você possa levar isso para casa e viver de forma normal.

C: Normal. Obrigada.

Vários anos depois, quando entrei em contato com a Karen para escrever este livro, perguntei como estavam as coisas. Ela comentou:

Bem, [como você sabe] convivi com meu medo de "ratos", desde pelo menos 12 anos de idade. Não era fácil ficar imaginando que um rato poderia surgir de qualquer lugar a qualquer momento ou travar ao ver uma imagem ou ao vivo.

Os sintomas físicos foram os que mais me mostraram o quanto melhorei. Alias mudou tudo! Hoje já posso assistir TV e ver uma reportagem sobre os ratos ou propaganda, filme. Antes ficava travada, só de ver, ouvir...Agora me sinto bem e livre de pensamentos de que poderia aparecer algum rato no ambiente em que estou.

Foi libertador Agora falo sobre o assunto. Vejo o animal e minha mandíbula não trava; não transpiro e nem sinto medo, apenas vejo como qualquer outro animal da natureza e que faz parte da vida. A partir daquela sessão, pude constatar na minha rotina que aquele medo irracional que me dominava e impedia de relaxar a qualquer momento foi embora. Ficou apenas a tranquilidade de agir como qualquer pessoa. Posso me sentar tranquilamente num restaurante, numa cafeteria, para conversar sem ficar escolhendo lugar para sentar, [já que eu tinha essas] estratégias de fuga caso algo acontecesse. E o mais interessante é que tudo estava interligado com meu pai. Hoje consigo ser mais gentil com ele sem aquele sentimento de mágoa ou raiva que sentia ao vê-lo.

Agradeço imensamente por ter tido a oportunidade de me "curar" de algo que travava a minha vida emocional. Até consegui engravidar na sequencia...rsrsrs... minha filha está agora com 2 anos, linda e saudável...e super corajosa.... rsrsrsrs... deve ter influenciado!

Procurando o Evento Chave

Uma das coisas que se aprende na formação em terapia EMDR é que os sintomas de hoje começaram com uma experiência anterior, geralmente na primeira infância. Para ganhar tempo, procura-se o evento mais antigo relacionado ao sintoma atual. É uma forma de atalho na tentativa de resolver o sintoma.

Neste caso, Silvana apresentou um evento de primeira infância, mas no decorrer do reprocessamento, apareceu uma lembrança ainda mais antiga que foi trabalhada no dia seguinte. Neste caso pode-se ver como se trabalha de forma focada em lembranças antigas, e como se retoma o reprocessamento em sessões subsequentes. Também aqui é possível ver como as questões de ansiedade atuais tem sua origem em experiências antigas vividas como perigosas. Neste caso, o perigo foi real: um risco de verdadeiro sequestro infantil.

Vale reparar como a memória traumática é arquivada de uma forma diferente que a memória normal, com uma riqueza de detalhes que não costumam estar presente em lembranças que foram arquivadas de forma funcional.

Vemos a importância e a dificuldade de acertar a crença negativa, aquela "mentirinha" em que acreditamos depois de experiências difíceis ou traumáticas. Às vezes é preciso a terapeuta oferecer algumas sugestões para ver por onde anda a dificuldade do paciente.

Pode-se ver como outros temas de maior complexidade são deixados de lado propositalmente para serem trabalhadas em ocasiões futuras.

Primeira sessão

C: Eu devia ter uns quatro ou cinco anos de idade e estava no jardim. Estava eu e um colega meu e outro menino. A gente estava conversando numa boa. Não estávamos fazendo nada. Tinha uma tigelinha, aquelas coisas de margarina, e dentro tinha um monte de areia. Do nada ele pegou e me jogou tudo no rosto. Derramou tudo nos meus olhos e aí eu não consegui enxergar.

Imagina uma areiazinha no olho. Pois tinha aquela quantidade enorme. Não recordo direito o que aconteceu depois desse episódio. Só lembro da minha mãe vindo me buscar lá na escola, me carregando no colo e eu tentando enxergar sem conseguir. Tinha que ficar com os olhos fechados, mas fechados doía, aberto doía, era um horror.

T: Quando você pensa nessa lembrança que nós vamos trabalhar hoje, qual é a foto que aparece do momento pelo qual podemos começar?

C: A parte em que ele me joga areia.

T: Ok. O menino jogando areia. E quando você pensa nessa lembrança difícil, que palavras descrevem melhor o que você pensa sobre si mesma agora que sejam negativas e falsas?

C: Ah, que eu fui traída. Essa é a sensação, de que a gente 'tava numa boa, brincando e de repente, do nada ele me atira aquela coisa no meu rosto.

T: O que você diz de uma pessoa que foi traída?

C: Ela foi vítima de uma situação. É uma sensação ruim de uma humilhação.

T: Então essa é a emoção? Humilhação.

C: É.

T: E o quê a gente poderia dizer dessa menina que sofreu essa traição? Estou vulnerável? Estou exposta? Não posso confiar em ninguém? Não posso ver?

C: É uma sensação assim, medo, de sei lá rejeição, coisa assim, tipo, eu não queria que tu tivesse aqui. Eu estava conversando numa boa e ele foi e me atirou aquele negócio. É isso assim, de que eu não queria que tu tivesse aqui, saí daqui.

T: Como que você tivesse falado isso para você?

C: Eu sinto que essa atitude dele. Eu interpreto como isso.

T: Quê? O quê haveria em você, então, na perspectiva dele, que faria com que ele quisesse fazer uma coisa dessas ou quisesse que você fosse embora ou não existisse? *Eu não presto, não sou importante, não tenho valor?*

C: É, eu acho que seria, *eu sou inadequada.*

T: Tá legal. E quando você pensa nessa lembrança, o quê

você gostaria de pensar a seu respeito agora que fosse positivo em relação a essa experiência?

C: O que me vem é, sou capaz. Eu pegaria ele pelos cabelos se fosse hoje [Risos].

T: Isso mesmo! [Risos]. *Eu sou capaz*, outra crença positiva que me ocorreu, mas você é quem sabe, *estou bem do jeito que eu sou*. Qual você prefere?

C: *Eu estou bem do jeito que eu sou*.

T: E quando você pensa nessa lembrança difícil, numa escala de um a sete, sete é completamente verdadeiro e um é completamente falso, quão verdadeiras você sente que são essas palavras positivas *eu tô bem do jeito que eu sou*, são verdadeiras agora? Pensando naquilo.

C: Cinco.

T: Cinco. (Terapeuta anota.) E quando você pensa nessa experiência e nas palavras negativas, *eu sou inadequada*, quê emoções aparecem para você agora?

C: Eu acho que isso me disparou muito a raiva, porque eu fiquei muito impotente na hora e eu tenho raiva desse guri até hoje.

T: Quando você pensa nessa experiência difícil quanta perturbação você sente agora, numa escala de zero a dez, onde dez é a máxima perturbação que você possa imaginar na vida e zero é nenhuma?

C: Bem sincera? Eu acho que é 2.

T: E aonde é que você sente essa perturbação no seu corpo?

C: Aqui (mostra a região da mandíbula na face).

T: OK. Então vamos lá. O que vamos fazer é o seguinte: eu vou pedir para você manter na sua mente estes pensamentos perturbadores enquanto eu peço para você seguir meus movimentos bilaterais. Vou fazer isso por um tempo e em seguida eu vou parar e você apenas me diga o que apareceu, o que você experimentou. Às vezes as coisas vão mudar e às vezes não. Pode ser que eu lhe pergunte se alguma coisa surge. Às vezes pode ser que sim, e às vezes, não. Não existe um jeito certo de fazer as coisas nesse processo, por isso me responda da maneira mais precisa possível sobre o que estiver acontecendo, sem julgar se isso deveria estar acontecendo assim ou não. Deixe que aconteça o que tiver que acontecer. Eu vou fazer alguns movimentos bilaterais e depois falamos sobre o que aconteceu. Alguma pergunta?

C: Não.

T: Lembre-se que você pode sempre me pedir para parar. Tem o sinal de pare. Ou se você quiser que eu faça mais ou menos movimentos, também, pode me pedir; ou mais depressa ou mais devagar. Tá legal?

Então volte a pensar naquela imagem dessa experiência difícil, pense nas palavras negativas, *eu sou inadequada*, veja onde é que você sente isso no seu corpo e siga os meus movimentos. (MBLs).

Respire fundo. E agora?

C: Não sinto nada.

T: OK. Nada é quanto de zero a dez?

C: Aliás até mudou meu sentimento. Eu posso explicar?

T: Claro.

C: É um. Acho que começou assim: primeiro, veio a sensação no peito, *porque você fez isso comigo? Por que tu me traiu? Eu não tinha te feito nada*, aquela coisa de vítima. Aí, depois em um segundo momento, muito rápido, vinham esses pensamentos. Não que eu acho que naquele momento eu esqueci, mas ele se sentiu muito mal com o que ele tinha feito. E na, atualidade, o apelido dele é Marcolouco. Ele não é certo da cabeça. Eu fiquei com pena dele, na verdade. Quando o vejo hoje eu olho para ele e tenho mais compaixão.

T: E quando você olha para a pequena Silvana, de quatro ou cinco anos e vê o que aconteceu com ela, o que você percebe? Pense um pouquinho nela. (MBLs). Respire fundo. E agora?

C: De novo veio aquela sensação de coitadinha: *olha só o que aconteceu contigo*. Mas daí eu comecei a pensar: problema sempre a gente vai ter, mas a gente pode guardar como parte do aprendizado, que eu posso dar conta disso. Eu tenho apoio, suporte, e tive naquele momento também dos meus pais, e que as coisas ruins passam também.

T: Ok.

C: Mas isso aí, foi muito rápido também.

T: E quando você pensa naquela menina que ficou duas semanas sem conseguir enxergar direito? Pensa um pouquinho. (MBLs). Respire fundo.

C: Vou falar duas coisas que aconteceram, uma antes e outra agora. Interessante essa questão associativa...

Agora eu lembrei, como se eu me dissesse, *tudo vai passar*. Naquele momento era como que se o céu tivesse se fechado, era tempestade, uma coisa horrível; era como uma cirurgia que eu fiz. Eu tinha a sensação de que a coisa não ia dar certo. Eu quis falar com o médico, mas eles me anestesiaram antes. E quando eu acordei tinha dado errado mesmo. E então, passou. Eu não sinto mais aquela sensação horrível, então, vejo que as coisas podem passar. Aquele tumulto todo, com angustia, vai ter um fim. E interessante que eu jamais pensei que eu ia associar uma coisa com a outra.

E me lembrei de uma outra cena quando eu tinha três anos de idade e eu me perdi na praia. Meu pai estava comigo e minha irmã, e eu chorava, chorava, chorava com o guardinha que me achou. Ele viu um casal que quis me pegar. Era um casal que eu não conhecia. Ele não deixou eu ir. Eu tinha uma sensação que o guarda também tinha, de que eles iriam me levar. Ele viu aquilo e disse, *não, ela só vai com quem ela reconhecer*. Aí veio o meu pai e daí eu o abracei. Eu lembro dos cabelos dele, que eram crespo, da década de início dos anos 80. Eu era muito pequenininha. Lembro dele com o cabelão e olhava para ele e abraçava, e eu olhava para ele e abraçava. Lembro da roupa e tudo. Não lembro o que eles diziam que eu fazia, o que eu fiz. Jamais ia imaginar que uma coisa ia associar com a outra.

T: Vamos com isso? (MBLs). Respire fundo. E agora?

C: Acho que está tudo bem. De repente, acho que devo ter associado com aquela situação, não a sensação, mas naqueles dois momentos entre a areia e a sensação de abandono... acho que deve ter sido isso assim, *meu Deus, por quê? por quê aqui, comigo?* sei lá, deve ter sido alguma coisa assim, uma emoção talvez, de ter sido traída, ninguém me viu, ninguém me ajudou. Mas depois tudo terminou bem, mas eu acho que ficou ali, deve ter disparado, a experiência com a areia, alguma coisa porque quando eu sentei aqui me veio na mesma hora, a imagem nítida. As duas experiências terminaram bem, né, mas acho que é a emoção que em uma e outra cena que se linkaram.

T: Pensa nisso. (MBLs). Respire fundo. E agora?

C: Bem tranquilo. Agora ficou bem forte a questão da traição, do abandono. Não tem que selecionar as coisas antes delas acontecerem.

T: Pense nisso. (MLBs) Respire, e agora?

C: O processo de pensamento foi bem menor, bem tranquilo. E veio a sensação do lugar tranquilo, já, o mar, a praia, aquela coisa já veio.

T: Quando você pensa naquela menina de três anos que se perdeu do pai agora, quanto lhe incomoda de zero a dez, onde dez é o máximo de perturbação e zero é nenhuma?

C: Zero.

T: E quando você pensa nessa outra situação do menino que jogou areia no seu rosto, numa escala de zero a dez, onde dez é o máximo de perturbação e zero é nenhuma, quanto lhe incomoda agora?

C: Um.

T: O que é esse um?

C: Hoje se eu olhar para ele não sinto raiva, e, sim, compaixão, mas a sensação da menininha, da guriazinha, da criancinha, ainda está lá coitadinha [Risos] de mim; ainda está aqui.

T: Vamos com isso. (MBLs). Respire e agora?

C: Acho que está mais tranquilo. As conversas que eu tive internamente ajudaram bastante.

T: OK.

C: Não sei se faço uma observação aqui do treinamento [formação em terapia EMDR] ou eu fico como paciente; mas a capacidade de associação que dá [esse EMDR] é impressionante. O que conectou uma coisa com a outra! Eu ia ficar aqui o dia inteiro: lembrei de uma coisa, lembrei da outra, lembrei da outra que eu jamais associava, mas que tem tudo a ver com a lógica emocional; tem tudo a ver.

T: Que bom! Agora quando você pensa naquela cena difícil, com o menino, quanto é que lhe incomoda de zero a dez, onde dez é o máximo e zero é nada?

C: Aí é que tá. Esse que é o problema da gente não poder parar a cadeia associativa. Digamos que aquela menina lembrou de outra situação, de outra dessas questões aí todas que são a rede. Mas se eu pensasse na questão central que me incomodava, podendo ver que me disparava raiva toda vez que eu visse o menino... agora não tem mais nada.

T: OK. Teve uma hora que você falou assim: *eu tenho vontade de pegá-lo pelos cabelos.*

C: Não tenho mais.

T: Passou?

C: Sim.

T: Ok. De zero a dez, então, quanto está a perturbação? zero é nada, dez é o máximo.

C: Nada.

T: Então pensa nisso mais um instante. (MBLs). Respire fundo. E agora?

C: [Balança a cabeça positivamente.]

T: Tudo bem?

C: Sim..

T: Então tá, quando você pensa na lembrança difícil que nós começamos a trabalhar no começo, e pensa nas palavras positivas, *eu sou capaz*, ainda são essas as palavras que você quer reforçar ou surgiram outras expressões que seriam mais adequadas?

C: Surgiu, *eu estou bem assim agora.*

T: Tô bem do jeito que estou?

C: Sim. É isso.

T: Então tá, ficamos com isso. Então, pense nessa experiência inicial e pense nas palavras, *eu tô bem do jeito que eu tô,* e numa escala de um a sete, sendo que sete é completamente verdadeiro e um é completamente falso, o quanto você sente que essas palavras positivas são verdadeiras agora?

C: Sete.

T: Traz a experiência difícil à mente, pense nas palavras, *eu tô bem do jeito que eu tô* e siga meus movimentos. (MBLs). Respire fundo e agora?

C: Pensei assim: *Silvana, por quê tu tem que ficar na defensiva quando está diante das pessoas?* E me respondi a mim mesma: *ah, porque foi uma coisa inesperada.* Então, daí pensei assim: *deixa disso, guria. Foi uma situação que aconteceu, quantas vezes tu já chegou perto das pessoas e tudo foi bem?* E me respondi: *Pois é.* E aí veio: *Então esquece isso! Ficou lá no passado; não faz parte do teu presente hoje.*

T: OK. (MBLs). Respire fundo e agora?

C: Já não tinha mais nada.

T: Então, de um a sete, sete é completamente verdadeiro, um é falso; quando você pensa nessa experiência e pensa nas palavras, *eu tô bem do jeito que eu tô?*

C: Eu tô bem do jeito que eu tô.

T: Sete?

C: Sim.

T: Então tá. Sem nenhuma perturbação?

C: [Responde não com a cabeça.]

T: Agora feche os olhos, concentre-se na experiência difícil que a gente acabou de trabalhar, pense nas palavras, *eu tô bem do jeito que eu tô*, e mentalmente examine todo o seu corpo e me diga se tem alguma perturbação.

C: Um pouquinho talvez.

T: Então pense um pouquinho nessa perturbação e siga os meus movimentos. (MBLs). E agora?

C: Tô bem.

T: Quando você pensa nessa perturbação no seu corpo agora de zero a dez, onde dez é o máximo de perturbação e zero nenhuma, quanta perturbação você sente no seu corpo agora?

C: Zero.

T: OK. Silvana o reprocessamento que nós fizemos hoje pode continuar depois da sessão. Pode ser que durante o restante do dia ou da semana você tenha novos *"insights"*, pensamentos, lembranças ou até sonhos. Se isso acontecer apenas preste atenção no que está experimentando, no que você vê, sente, pensa e atente para os disparadores. Faça um registro, compre um caderninho, para manter um diário das coisas que surgirem durante a semana, como por exemplo, os pensamentos, as sensações, lembranças e experiências, você pode ir anotando o que vai acontecendo, esses novos *"insights"* ou sonhos e novos alvos para as próximas sessões de terapia. E se acontecer alguma coisa, se precisar, entre em contato comigo, senão a gente se vê na próxima sessão. Tá bom? Você quer fazer alguma observação? Algum comentário?

C: Eu acho que essa experiência é fantástico. Essa possibilidade associativa das coisas que eu não imaginava que uma coisa estava conectada com outra, incrível. Eu faço anos de terapia já, na orientação analítica, e nunca consegui algo assim, ver como isso tem a ver com aquilo. Claro que não falei tudo porque senão nós iríamos ficar horas aqui, mas eu achei muito bárbaro essa questão de processar muito rápido e poder conectar as coisas. Acho que isso é a uma questão onde se pode ficar anos e nunca se dar conta daquilo que está te perturbando. E aqui, rapidamente se faz essa possibilidade associativa.

T: Que bom! Legal! Interessante como você fala isso com clareza porque eu acho que é bem isso que acontece mesmo, mas eu acho que você conseguiu expressar isso com muita clareza, né. Então tá, vamos ver como é que você fica, a próxima vez a gente conversa e vê como é que você está. Tá, eu queria lhe agradecer muito por ter compartilhado essa experiência conosco. Tá legal!

C: Tá bom.

Segundo atendimento.

C: Bom, o que eu não comentei ontem, porque eu achei que a gente ia ficar focado na cena, mas depois que veio o processamento foi de uma situação com a minha mãe onde eu estava brincando com umas amigas. A mãe de uma das meninas não era muito certa da cabeça. Era uma vizinha, e fez um brinquedo para gente. Eu fui para casa correndo e chorando, e minha mãe me acudiu. Ficou ali comigo, mas eu fiquei com raiva porque eu queria que ela fosse lá encher a menina de coice. Daí eu fiquei com raiva disso, mas ela me acolheu. Mesmo assim, eu fiquei com muita raiva, então o que me parece é que aquela cena desencadeou um outro processo que era a questão da raiva. Eu acho que é a emoção que está conectada. Estou achando que deve ter sido isso.

T: OK. Agora quando você lembra daquilo que a gente trabalhou ontem começamos com aquela cena dos cinco anos como é que tá?

C: Está tranquilo.

T: O quê significa "está tranquilo"?

C: É como se fosse uma lembrança que não me causa nenhuma emoção. Eu tentei várias vezes ontem mesmo pensar no menino que tinha feito aquilo e ver o quê eu sentia. Antes por mais que fosse pequeno, não adianta, eu sempre pensava: *eu devia ter te puxado os cabelos*. Mas agora não.

T: E agora então, quando você pensa naquela cena, numa escala de zero a dez, onde dez é a máxima perturbação que você possa imaginar na vida e zero é nenhuma, quanto que incomoda?

C: Zero.

T: E você lembra daquela outra cena que você lembrou, aos três anos, de ficar perdida?

C: Sim.

T: Como é que está aquela cena?

C: Aquela cena, sabe que se eu for pensar bem ela me causa, mas assim não a raiva, é como se fosse tristeza e medo.

T: E numa escala de zero a dez, quanto isso que lhe causa perturbação?

C: Um.

T: O quê é esse um?

C: Eu acho que... ainda que tudo acabou certo, mas tinha o medo de que alguma coisa acontecesse errado, de que ele me deixasse ir com aquele casal.

T: Sei.

C: De que ele não me protegesse naquele momento, porque eu não queria ter ido com aquele casal que eu não reconhecia, então eu acho que ainda fica um pouquinho daquele medo de que eles tivessem me deixado ir.

T: Então, quando você pensa nessa imagem daquele casal e o salva vidas do seu lado lhe protegendo, o quê você pensa a seu respeito que seja negativo? Estou em perigo? Estou exposta? Perdida?

C: Olha, *estou perdida.*

T: Perdida.

C: Sim.

T: E o quê você gostaria de pensar invés disso?

C: *Estou a salvo.*

T: E quando você pensa naquela cena, pensa nas palavras *eu tô a salvo*, numa escala de um a sete, sete é completamente verdadeiro e um completamente falso, quão verdadeiro você sente que são essas palavras agora?

C: Cinco.

T: E quando você pensa naquela imagem, pensa nas palavras eu *tô perdida*, que emoções aparecem para você?

C: Eu era muito pequenininha, mas eu acho que estava pensando: eu não conheço eles; eles vão me levar e eu não vou mais ver o meu pai.

T: Você tinha falado de medo, tristeza. Estou procurando as emoções – podem ser estas?

C: É isso mesmo.

T: E quando você pensa nisso agora, numa escala de zero a dez, onde dez é a máxima perturbação e zero nenhuma, quanta perturbação você sente agora quando você pensa naquilo?

C: Parece que me dá um pouco de ansiedade. Pensando bem parece que dá mais ansiedade do que aquele pouco que eu 'tava falando.

T: Quanto seria?

C: Oito.

T: E onde é que você sente isso no seu corpo?

C: Aqui (coloca a mão na região abdominal).

T: Vamos trabalhar isso um pouquinho para ver se a gente consegue melhorar a perturbação.

C: 'Ta bem.

T: Então, pense naquela cena com o casal que você me descreveu, pense nas palavras *eu tô perdida*, sente isso no seu corpo e siga os meus movimentos. (MBLs). Respire fundo. E agora?

C: Eu tive mais dificuldade do que ontem, para trazer à memória a situação, mas a diferença foi que eu fiz uma coisa que eu acho que eu podia ter feito. Eu fiquei esperando para ver a reação do Salva-Vidas, tipo, para ver a reação dele, o que ele iria decidir. Mas ele disse, *não vou te deixar.* Foi uma decisão dele, mas eu poderia ter dito, *eu não conheço eles, por favor não me deixe ir com eles eu não quero ir não conheço eles, eu quero esperar meu pai.*

T: Pense nisso. (MBLs). Respire fundo e aí?

C: Demorei de novo. Se eu puder fazer um comparativo com a sessão de ontem, agora está mais difícil.

T: Mais difícil?

C: Mais difícil de me concentrar. Estava tentando resgatar a memória, mas ela estava demorando. Aí eu comecei a sentir um silêncio, um silêncio bom, gostoso e não perturbador. Mas só agora no final consegui lembrar a cena mais gostosa, que foi quando meu pai foi me buscar.

T: Pense nisso um instantinho. (MBLs)

C: Por um tempo a felicidade que eu senti era pequenininha. Eu me lembro de estar usando aquelas sungas antigas, com uns óculos que eles usavam no início da década dos 80. Aí eu olhei, e eu queria pular! A emoção que agora me vem é a alegria, [Risos]. Eu queria ter saltado para chegar perto dele antes de ele chegar perto de mim. O meu pai, também, estava assustado, perturbado, dava para ver. Hoje eu consigo enxergar bem o rosto dele, do alívio. Ele estava realmente transtornado.

T: (MBLs). Respire fundo e aí? Tranquilo?

C: Tranquilo. O que eu pensei é... Eu poderia ter ficado com um pouco de raiva do meu pai, mas não fiquei. Eu só fiquei foi com alegria. Não lembro de ter ficado com raiva. Senti pavor, medo, isso e aquilo, mas raiva não. Era ele que estava comigo, não era a minha mãe, com quem já tive mais dificuldades. Eu comecei a pensar nisso. Eu não tinha me dado conta antes. Poderia ter sentido raiva dele e não senti, porque que algumas outras situações que minha mãe conseguiu me conter muito bem, eu sinto raiva dela.

T: A gente pode deixar esse pedaço para trabalhar outro dia?

C: Sim.

T: Porque assunto de mãe é aquela história *comprida* que eu mencionei antes [risos de ambas].

C: Com certeza.

T: Hoje o nosso tempo é mais curto. Vamos deixar isso de lado um pouquinho. Fica para você trabalhar no futuro. Agora quero que você volte para aquela cena inicial que nós começamos a trabalhar hoje. Mudou alguma coisa? Como é que está agora?

C: Tô melhor porque eu sinto que não fiquei em uma situação passiva. O que me incomodou na cena foi que eu não falei que eu não queria ir. Eu esperei a reação dele, mas nesse momento eu sabia o quanto eu estava em perigo. Esse pequeno espaço de tempo da decisão dele não precisava ter. Ele ainda teve muita presença de espírito, mas a minha atitude embora eu tivesse três anos, se eu dissesse *eu não quero ir eu não conheço eles, só vou com meu pai...* se fosse uma outra pessoa meio destrambelhada poderia ter dito *vai*. Mas teria me escutado mesmo com três anos. Eu podia ter me defendido, né, então eu acho que é isso que foi uma sensação de alívio. Falei; tinha que ter falado. Não precisava de ter ficado com aquela sensação de perigo: bastava eu ter falado. Mas agora eu consegui falar, *meu Deus me ajuda, não me deixa ir.* Ah, foi isso; aliviou.

T: E quando você pensa nessa cena agora numa escala de zero a dez, onde dez é a máxima perturbação na vida e zero é nada, quanta perturbação você sente quando pensa naquilo agora?

C: Está tranquilo assim, porque, eu, porque parece que inverteu mais a imagem. Ao invés de pensar mais naquele casal de quem eu tenho a nítida lembrança: ela era mais alta e ele mais baixo. A lembrança maior que eu tenho agora é a do meu pai me pegando.

T: E então de zero a dez?

C: Se me perguntar agora, ah, perturbação poderia dizer um.

T: O quê é esse um?

C: Mais uma questão de sensação, quando eu fui falar que 'estava tudo bem' eu senti... parece que uma ansiedade aqui [coloca a mão na região do peito e coração].

T: Vamos com isso? (MBLs). Respire fundo e agora?

C: Que estava ficando na ansiedade da espera.

T: Sei.

C: Ansiedade... eu ainda sinto enquanto eu estou te falando: ansiedade, *passa logo, passa logo, passa logo!* e que eu tentei conversar e me acalmar. As coisas vão terminar bem. Trazendo a coisa do adulto, mas a criança ali dizendo, *ai meu Deus, vai passar, tem que passar, alguém tem que me buscar logo.* Foi essa a ansiedade que ficou.

T: OK, pense nisso. (MBLs). Respire fundo. E agora?

C: Eu troquei a ansiedade ruim pela ansiedade boa. A ansiedade ruim é aquela [meu pai] *não vem, não vem, não vem.* Troquei a ansiedade boa, porque eu já estava vendo ele. O que eu disse antes que eu queria pular, para ele me abraçar logo. Aquela ansiedade que é uma *coisa boa, coisa boa* que eu tenho que aprender a controlar. Ele já está vindo, quer dizer eu troquei aquela angústia ruim por uma ansiedade boa.

T: (MBLs). Respire fundo. E agora?

C: Fechei com uma questão de alívio.

T: E agora quando você pensa naquela cena e numa escala de zero a dez, onde dez é a máxima perturbação que você possa imaginar na vida e zero é nenhuma perturbação, como é que está agora?

C: Não tem. É zero.

T: Zero. OK. Então, quando a gente começou você falou que as palavras positivas que você gostaria de vincular a isso seriam, *estou a salvo.* São essas as palavras que você quer instalar ainda ou mudou alguma coisa?

C: É isso mesmo.

T: Então eu quero que você olhe para aquela cena difícil que a gente está trabalhando, pense nas palavras positivas *estou a salvo* e siga os meus movimentos. (MBLs). Respire fundo. E agora?

C: Divertido, porque como eu venho trabalhando essa questão da raiva, me veio uma cena. Mas aí eu pensei assim: Lá vou eu! Já tô respondendo a isso tudo com raiva. Então eu me disse, mas tem certas ocasiões que a gente tem que mostrar mesmo a raiva. O que eles estavam tentando fazer era me levar embora. Daí eu viro a menininha de três anos dizendo, *vocês não vão me levar! o que vocês estão pensando?!* Eu ri porque me vi pequenininha, xingando eles, dizendo para eles irem embora. *Pode ir embora! Pode ir embora!* Com o pezinho batendo assim e mandando eles irem embora. Eles viraram as costas e foram embora. Não precisei nem do Salva-Vidas. Fui eu que mandei eles irem embora! Está tudo bem.

T: Ótimo! Então, agora quando você pensa nessa cena e pensa nas palavras *eu tô a salvo*, numa escala de um a sete, sete é completamente verdadeiro e um é completamente falso, quão verdadeiro você sente que são essas palavras agora?

C: Próximo a seis.

T: O quê é esse 6?

C: É porque eu não tenho certeza de que eles não vão voltar.

T: Vamos com isso. (MBLs).

C: Para. Agora é como as outras coisas da vida.

T: Ok.

C: [Risos] Agora eu sei do que possivelmente se tratava o meu sonho que eu tive ontem; queria com o pessoal, mas disse que não era para trabalhar o sonho. Tinha um homem que era o dobro do meu tamanho. Eu era pequena, talvez um pouco maior do que os três anos, mas ele me abraçava, me abraçava, me abraçava... só que daí quando ele me abraçava era tão forte que ele começava a quebrar meus ossos. Eu sentia aquela dor. Ele pegava um cabo de vassoura e enfiava aqui em mim, na minha costela. Ele mandava eu dobrar e aquilo entrava. Eu acho que era uma fantasia que eu criei do quê era para ter acontecido comigo se eu tivesse ido embora com eles. Então acho que foi isso. Eu jamais - vou ter que colocar aqui - eu jamais tinha pensado nisso em minha vida, essa associação ... *jamais*. Foi algo que aconteceu agora nesse exato momento aqui, quando eu disse, *tenho a sensação de que eles não podem voltar.* Eu acho que se esse medo de que eles voltassem se transforma nesse sonho, se transformava. Eu não tenho mais este sonho, mas acho que era isso, essa fantasia de que se eles tivessem voltado, era isso que eles iriam fazer comigo.

T: Vamos continuar. (MBLs). Respire fundo. E agora?

C: Xinguei bastante. Acho que na vida adulta teria feito algo com eles. Terminou com eles na cadeia [Risos].

T: Tentativa de rapto.

C: Foi bem interessante. Eu tive esse sonho repetidas vezes. Já faz alguns anos que eu não tenho mais, mas era muito frequente e era muito angustiante. Aquela dor, aquela dor, aquela dor e, às vezes, eu não conseguia acordar logo.

T: Sei.

C: E eu acho que meu cérebro me levou até essa associação.

T: Vamos com isso. {MBLs)

C: Eu não sei se é assim. Eu tento produzir alguma coisa antes de começar. Tô sempre levando para coisas boas. O que eu fiz foi assim: não pensar em um abraço apertado, aquele que vai quebrar meus ossos, que poderia ser daquele abraço ruim, daquele pai, o casal que queria me levar... isso é bom.

T: Muito bem. Agora quando você pensa naquela cena, pensa nas palavras *tô a salvo*, numa escala de um a sete, sete é completamente verdadeiro e um é falso, quão verdadeiro você sente que são essas palavras agora?

C: Tá quase, mas ainda não consigo dizer que é sete.

T: O quê falta?

C: Eu vou guardar mais esse abraço do meu pai; guardar ou substituir.

T: Posso dar um pitaco? Você ficou falando do medo que eles voltassem, mas eu pensei assim: e se eles voltassem e você já estivesse encontrada? (MBLs.)

C: Sim. Agora parece que misturou tudo, mas ficou assim: as cenas ruins das fantasias que eu criei, mas que agora tem duas imagens: quando eles estavam lá, eu não estava mais. Eu estava no colo do meu pai, dando tchauzinho para eles, bem cínica [Risos].

T: Ótimo! E agora numa escala de um a sete, onde sete é completamente verdadeiro e um é falso, quão verdadeiro você sente que são essas palavras *eu estou a salvo?*

C: Para aquela cena?

T: Para aquela cena.

C: Sete.

T: Sete. Vamos dar mais uma passadinha para ficar um sete poderoso?

C: Sim. (MBLs).

T: Legal! E agora?

C: Eu vou compartilhar tudo, tá.

T: Tá [Risos].

C: Agora no final, começa a vir outras coisas. Eu tenho muito medo que meu pai morra. Isso de, *eu tô a salvo*, começa a despertar aquelas outras coisas. Se ele morrer eu não vou estar tão a salvo assim. Outra terapeuta me disse, *nossa, mas teu pai faz vinte anos que tá vivo e não morre; que pai forte esse né?* Ainda vêm outras coisas. Bem, eu estou a salvo naquela cena, mas se eu não puder mais abraçar o meu pai...? E daí, já começa a vir outras coisas. Mas daquela cena, está ok.

T: Então vamos deixar você trabalhar essas outras coisas na sua terapia, porque eu acho que realmente são coisas mais complexas. Quando você pensa nisso, agora está no sete? Está tranquilo? Está legal?

C: Tá.

T: Feche os olhos só um instantinho, dá uma escaneada no seu corpo. Quando você pensa naquela cena, e pense nas palavras positivas, *eu estou a salvo*, veja se tem alguma perturbação.

C: Não, porque meu lugar a salvo é justamente na praia. Foi onde eu me perdi e eu tô bem tranquila.

T: Ok, Silvana, como você sabe, o reprocessamento pode continuar depois da sessão; como você acaba de ver, as coisas continuaram reprocessando. Às vezes, vão surgindo novas coisas, então, vai anotando, e traz para a próxima sessão. Eu queria lhe agradecer mais uma vez, sua generosidade em deixar a gente ver um pouquinho dentro da sua cabeça, do seu cérebro, de como é que esse reprocessamento funciona. Muito obrigada! E a gente vai se falando.

C: Tá bom, eu que agradeço.

Dilema: Com qual apartamento eu fico?

T: Então, Sara, eu queria que você contasse um pouquinho sobre o seu dilema. Queria que você explicasse um pouquinho mais quais são as suas opções.

C: Eu e o meu noivo compramos um apartamento, num momento em que a decisão precisou ser tomada rapidamente, justo para aproveitar um desconto de dez mil reais que a construtora promoveu. Não deu tempo para visualizar exatamente a questão do sol. Então, compramos um apartamento de três quartos, mas depois vimos que o sol não era o ideal. E agora tem um de dois quartos onde o sol é excelente, mas aí eu tenho que pagar cinco mil a mais para deixar do jeito que nós gostaríamos de deixá-lo, isto é, com os três quartos.

T: Então, o de dois quartos pode se transformar em três quartos, mas tem que pagar cinco mil reais?

C: Cinco mil reais.

T: Então, só para a gente por um nome, podemos chamar o apartamento de dois quartos ou o apartamento de três quartos? Seria isso?

C: Isso, sim.

T: O de dois quartos tem que pagar cinco mil reais para virar três quartos, mas tem muito o sol, mas o outro tá do jeito que tá, mas sem o sol.

C: Isso.

T: Então tá. Eu quero que você escolha uma mão para colocar imaginariamente um apartamento dentro dela, e outra mão para colocar o outro. E você me diz qual é qual.

C: Na mão direita o de dois quartos, na mão esquerda o de três quartos.

T: Na mão esquerda tá o de três quartos, com o qual você já está comprometida.

C: Isso. Já é nosso. Estamos comprometidos; mas o de dois quartos tá na reserva e precisamos definir até terça-feira com qual ficamos.

T: Até terça-feira. Tem que sair daqui com isso resolvido...

61

C: Isso! [Risos].

T: Então, eu quero que você imagine que você está colocando a opção dos três quartos na mão esquerda.

C: Posso fechar os olhos para fazer isso?

T: Pode fechar os olhos. E coloque o outro apartamento, o de dois quartos, na mão direita.

C: OK.

T: E quando tiver bem clara as opções, você vai fechando as mãos, e vai segurando as opções que você tem.

C: Ok.

T: Então, vamos começar a fazer um pouco de processamento Você já sabe como é. Fazemos um pouco de movimento bilateral, e depois a gente comenta. Se você quiser parar em qualquer momento, você pode parar. Se for muita coisa você, ficar *over*, me avisa. Tá bom?

C: Tá.

T: Então, vamos começar com poucos movimentos e a gente vai vendo como desenrola. Concentre-se nas duas possibilidades.

C: E eu fico com as mãos desse jeito? [Está com as mãos no colo, fechadas.]

T: Sim. Se elas mudarem tudo bem, mas a gente começa assim. [Terapeuta já tinha estruturado as imagens, crenças, emoções e sensações para cada mão.] Pense nas duas opções, nessas palavras que você me comentou, onde você sente isso no seu corpo, e siga os meus movimentos [visuais]. (MBLs). Respire. O quê surge?

C: O de dois quartos, a vista é mais ampla ainda, é muito linda. O sol pega toda a serra do mar, tenho uma visão livre. O de três quartos, a vista não é tão perfeita.

T: OK. Vamos continuar. (MBLs). Respire fundo. E agora?

C: Já vem a minha mãe na jogada aí [Risos].

T: Veio a mãe na jogada?

C: Veio, porque o imóvel não é tão perfeito como a gente imaginava. E a gente vai ficar lá para o resto da vida. É um começo de vida. Aí vem uma frase da mãe, assim: *não adianta ficar investindo num imóvel que você não vai ficar a vida inteira, que não é o lugar que você idealizou, que não é um bairro que você gostaria de morar*. Cinco mil reais... eu sei que pesa, porque tem a questão da mãe.

T: Vamos com isso. (MBLs). Respire fundo.

C: A minha questão é se eu estou disposta a pagar cinco mil reais por uma vista mais bonita [Risos].

T: Isso. Vamos nessa? (MBLs). Pronto. E agora?

C: E que cinco mil reais para uma vista mais bonita é cinco mil reais [Risos], mas a vista é mais bonita [Risos].

T: Você tem alguma ideia de quanto tempo você pensa de morar aí?

C: Talvez, uns três anos.

T: Vamos com isso. (MBLs). Respire fundo.

C: Eu me culpo por ter escolhido o apartamento de três quartos sem ter visto, necessariamente, antes, a questão do sol, principalmente, em se tratando da cidade em que a gente vive, realmente é mais frio.

T: Vamos com isso. (MBLs). Respire.

C: Lá vem a minha mãe de novo: *como vocês não viram isso antes? Onde já se viu! Que irresponsabilidade, e, ainda, quer casar!* [Risos].

T: Vamos nessa?

C: Vamos. (MBLs).

T: Respire. E agora?

C: Me veio que desde o início, quando estive vendo toda a construção, desde o início, o apartamento que mais me encantou foi o de dois quartos, justamente pela vista, pelo sol. Foi o que mais me encantou. O de três quartos seria mais lógico, mas o que mais gostei foi o de dois quartos, que eu descartei por ter dois quartos. É isso.

T: Descartou porque era de dois quartos, sem saber que podia transformar em três quartos?

C: É, eu não sabia.

T: Vamos continuar.

C: Sim.

T: (MBLs). Respire.

C: Passou uma coisa que nunca tinha passado, que, talvez, se eu soubesse que o de dois quartos dava para se transformar em três, talvez, eu já tinha pensado nessa possibilidade antes de assinar o contrato, que é de fato o que mais gostei.

T: Sei. (MBLs). Respire fundo.

C: As coisas boa da vida tem um preço. Eu ter ido para a Disney para nadar com os golfinhos custou caro, mas foi muito legal. Muitas pessoas não pagariam o que eu paguei para andar em cima do golfinho. Mas eu não me arrependo, então, eu vou pagar o preço para ficar com o de dois quartos [Risos].

T: Vamos lá. (MBLs). Respire. E agora?

C: E minha mãe não tem nada a ver com isso! [Risos]. Então, ela nem sabe que a gente vai ter que pagar esses cinco mil e eu não vou contar [Risos]. E pronto.

T: (MBLs)

C: Até porque não sei se estamos perdendo. Matematicamente, nós ganhamos um bônus de dez mil. Então, agora, é só reduzir o bônus para cinco, mas ainda assim ganhamos cinco mil reais. E dá para usar na decoração. Olha que legal! Sobrou dinheiro [Risos].

T: Sobrou dinheiro, tá bom [Risos]. (MBLs).

C: A felicidade tem um preço assim como a infelicidade. E é muito maior, muito mais pesado, muito mais elevado do que a culpa, que nem sinto mais. Fico com o prazer mesmo, com a felicidade.

T: Tá resolvido?

C: Tá resolvido.

T: Vamos se despedir da opção que você não vai levar mais como opção?

C: Sim. (MBLs).

T: Veja o que você quer dizer para esta opção. Tchau para o de três quartos. (MBLs).

C: Vai ficar tudo embolorado no inverno [Risos].

T: É isso aí! [Risos]. Vamos ficar com o de dois quartos que vai você vai transformar em três! E o que você quer dizer para esta opção?

C: Que ela é muito bem vinda; que isso me alegra muito... ter aparecido esse imóvel.

T: E o que ela diz para você?

C: Eu sou tua.

T: (MBLs)

C: Esse é meu.

T: Que emoção surge?

C: Aconchego, paz, vontade de tá no lugar já. Imagino até decoradinho, vendo o sol nascer. Tá bem legal.

T: Então pensa nisso, sente essa emoção. (MBLs). Respire fundo.

C: Você está convidada, da próxima vez que vier, para conhecer!

T: Então, já tá até recebendo visita [Risos].

C: É isso mesmo.

T: Então tá, obrigada!

C: Então tá ótimo. Valeu!

Dilema: Casamento ou Separação?

T: Fernanda, você falou que tinha uma situação que você está querendo resolver?

C: Sim, é uma situação de um dilema. Meu casamento está um grande conflito. A hora que você falou da farpa no coração, nossa, eu fiquei pensando, *nossa, na minha casa moram dois porcos espinhos* [Risos]. Tenho sentido muito assim: eu fico ou eu vou. Será que eu vou continuar nesse casamento ou será que eu vou sair desse casamento? A gente vem em um conflito que vem se arrastando. Nesse último mês, estou um pouquinho tensa. Tô nessa dúvida, do se eu vou ou se eu fico; uma sensação de não ter saída. Aí ontem veio a ideia de trazer isso para o protocolo de dilema.

T: Então, vamos lá! Vamos montar os dois, as duas alternativas. Vamos imaginar que você vai ficar nesse casamento. Como é que você se vê hoje ficando neste casamento? Qual a imagem?

C: Considerando o contexto atual?

T: A gente não tem garantia de mudança, né.

C: É. Ficando, eu me vejo muito com as minhas coisas e ele muito distante.

T: E como é que seria a foto disso?

C: Eu me vejo dentro do meu carro, me movendo para as coisas do meu trabalho, para estudar.

T: E se você for?

C: É a mesma imagem.

T: Sei. E quando você pensa nessa primeira imagem de ficar, o quê você pensa ao seu respeito que seja negativo, falso e irracional com a alternativa de ficar?

C: Falso e irracional? Que eu tenho que carregar esse casamento.

T: Sei.

C: Se eu ficar, eu vou ter que carregar.

T: E se você for, qual seria a crença?

C: Então, ontem eu fiquei com uma dúvida, eu fiquei pensando se eu vou ficar sozinha. É difícil definir a crença irracional.

T: E se você ficar sozinha?

C: Pensando, vem a ideia de que eu vou ficar desamparada, mas não é bem isso.

T: A crença que é falsa e irracional. Que tal, *eu tô desamparada*.

C: É, eu acho que *eu tô abandonada*; faz mais sentido abandonada.

T: OK. E o quê você gostaria de pensar a seu respeito se você ficasse, algo que fosse positivo?

C: Não sei pôr isso em palavras. O que me vem é uma imagem de que eu vou ficar, mas vou ser responsável 50%. Não vou ficar carregando tudo.

T: Sou responsável pela minha parte?

C: É.

T: E se você for embora? Qual é a crença positiva? O que você pensa a seu respeito de positivo agora?

C: Vou ficar livre.

T: Sou livre?

C: Sou livre.

T: Quando você pensa nessa expressão, *eu sou responsável pela minha parte*, pensando naquela imagem de você no carro com as suas coisas, na alternativa de ficar no casamento, numa escala de um a sete, onde sete é completamente verdadeiro e um, completamente falso, quão verdadeiro você sente que são essas palavras, *eu sou responsável pela minha parte*, são verdadeiras agora?

C: Cinco.

T: E pensando na alternativa de ir embora, e nas palavras *eu sou livre*, numa escala de um a sete, onde sete é completamente verdadeiro e um, completamente falso, quão verdadeiro você sente que são essas palavras quando você se lembra dentro do seu carro, livre, sem o casamento?

C: Cinco também.

T: Cinco. Quando você pensa na primeira alternativa, a de

ficar, quais as emoções que aparecem para você? Pense naquela imagem de você no carro, pense nas palavras, *eu tenho que carregar tudo.*

C: Tristeza, solidão, ressentimento, raiva.

T: OK. E quando você pensa em ir embora e você pensa nessa mesma imagem, e pensa nas palavras, *eu tô abandonada,* quais as emoções que aparecem para você?

C: Tristeza, também, uma angústia... é isso.

T: Quando você pensa nessas emoções, tristeza, solidão, ressentimento e raiva, da primeira alternativa, a de ficar no casamento, numa escala de zero a dez, onde dez é a máxima perturbação que você pode imaginar e zero é nenhuma, quanta perturbação você sente com essa alternativa?

C: Oito.

T: E quando você pensa em sair do casamento, e pensa nas palavras *eu tô abandonada,* quanto lhe incomoda agora quando você pensa nisso?

C: Quatro.

T: Onde é que você sente esse "oito" no seu corpo? O da primeira alternativa?

C: No peito.

T: Onde é que você sente esse "quatro', essa tristeza, essa angústia de ir embora do casamento?

C: Na cabeça.

T: OK. Vamos fazer uns movimentos bilaterais. Vamos começar com a primeira alternativa, depois a gente vai fazer a outra alternativa e depois a gente vai deixar rolar, OK?

C: Sim.

T: Deixa acontecer o que tiver que acontecer. Às vezes a gente acha que não tem nada a ver, mas vamos deixar acontecer e ver como é que se resolvem as coisas. Tá legal?

C: Ok. Sim.

T: Então vamos lá! Pense na primeira alternativa, você no carro.

C: Sim.

T: Pense nas palavras, tenho que carregar tudo.

C: Sim.

T: Sente isso no seu peito.

C: Sim.

T: E siga os meus movimentos. (MBLs).

C: Fiquei com sensações aqui (coloca a mão no peito), senti uma necessidade de Respirer para ver se tirava a sensação.

T: Vamos pensar na outra alternativa?

C: OK.

T: Então pensa em deixar o casamento, ir embora; pense nas palavras *eu tô abandonada*, sente isso na sua cabeça e siga meus movimentos. (MBLs). Respire fundo; solte.

C: Me deu a sensação de um monte de coisas desmoronando na minha cabeça, como se fossem os sonhos, os projetos e um aperto na garganta.

T: Vamos continuar?

C: Sim.

T: (MBLs). Respire fundo; solte.

C: Vamos lá. Eu comecei a pensar nas duas situações, sair e ficar, e cada movimento da sua mão era um lugar.

T: Sei.

C: E aí eu me vi num movimento que vinha acontecendo muito, que era de ficar atrás dele, de ficar tentando fazer com que ele estivesse ali; que ele não ficasse distante. Aí veio a dor, a tristeza, o cansaço disso e me veio essa sensação: *não, do jeito que está, não dá.*

T: Sei.

C: Do jeito que tá não dá. E veio assim: não depende só de mim, *não depende só de mim* (se emociona, chora).

T: Vamos continuar? (MBLs).

C: Veio uma música que tinha vindo ontem durante o reprocessamento que fala assim: *eu não vou chorar, você não vai chorar, você vai entender que eu não vou mais te ver, por enquanto, sorria, sorria, saiba o que eu sinto, eu te amo.* Eu tenho essa sensação. Ele está muito indisponível e eu não tô. Eu preciso de espaço. Eu preciso de um tempo. Eu preciso de uma distância, e me veio ele... quando eu fui falar isso para ele, me veio ele dizendo que se um dos dois saísse não tinha volta. Mas me veio essa ideia: eu preciso de espaço, preciso de distância. Tem coisas que ele está vivendo. Eu não posso fazer nada por ele e ele tá muito indisponível.

T: Sei.

C: E eu preciso de espaço, eu preciso de distância.

T: Você falou isso um pouquinho atrás, que você estava sempre correndo atrás dele. Até quando você precisa correr atrás dele?

C: Preciso mais, não.

T: Pense nisso. (MBLs).

C: Aí me veio a pergunta: o que eu vou fazer com o que eu quero viver? Se ele não está disponível e eu não vou ficar insistindo, então me vem essa pergunta: o que eu vou fazer? Como é que eu vou ficar dentro e fazendo o que eu quero viver, se ele não está disponível para viver comigo?

T: E você consegue viver sem ele estar disponível para você?

C: Com o que eu quero? [Balança a cabeça negativamente].

T: Vamos com isso? (MBLs).

C: Minha cabeça até doeu assim, e parece que está parada aqui no meio assim. Não consigo viver sem ele estar disponível.

T: Sem estar disponível, não?

C: Para o que eu quero, não. Para o que eu quero, não. Sem alguma coisa para viver em relação; sem estar disponível, eu não consigo viver.

T: Então volta lá para o começo, para as duas alternativas. Como é que está agora?

C: Não sei dizer.

T: Pense na imagem inicial, em ficar e veja se mudou alguma coisa.

C: [Balança a cabeça negativamente.]

T: Quanto que incomoda agora de zero a dez?

C: Uns cinco.

T: E quando você pensa em ir embora, mudou alguma coisa?

C: Não.

T: E quanto que incomoda agora de zero a dez?

C: Confuso, essa sensação é se eu for eu, vou ter um alívio de um lado e uma dor muito grande de outro. Então, por um lado parece que abaixa o incômodo, pelo outro lado parece que aumenta o incômodo.

T: Resolve uma situação, mas cria outras.

C: Sim, isso.

T: Pensa nisso. (MBLs).

C: Me vieram muitas coisas. Me veio que eu não quero resolver isso agora. Eu vou fazer o que eu estou fazendo desde sexta, desde quinta. Assim que começou [a série de movimentos bilaterais] eu me vi fechando em uma espécie de casulo. Na hora que eu me vi me fechando nesse casulo me bateu uma dor, e aí ficou muito claro para mim que é uma dor antigona, de ficar fechada lá meio que para me proteger, para sobreviver ao de fora. E rapidamente me veio o quê era essa dor? E veio que *não, agora é diferente, não era aquilo antes*. A ideia de que eu preciso de um tempo, isso não vai se resolver agora, isso não tá claro, não está definido, não é simples. Eu posso me fechar nesse casulo, sim, eu posso, para me preservar. Me veio essa sensação assim: eu, na minha casa, me fechando num quarto mesmo assim... é que não quero ficar em contato com as coisas, com a bagunça dele, não quero. Essa bagunça é dele. Tá caindo em cima da gente, como no casamento, mas essa bagunça é dele, e não quero. Aí me veio essa ideia de me fechar e me manter nas minhas coisas mesmo no meu trabalho, no meu estudo, nas coisas que eu gosto, que me dá muita alegria, e vou ficar lá dentro até a hora que for para eu ficar assim.

T: Pense nessa possibilidade. (MBLs).

C: Um casulo com zíper, [Risos], melhor estilo de saco de dormir. E me veio nessa *eu não sou responsável*. Eu não sou responsável por resolver qualquer coisa que não é da minha parte. Realmente é problema dele. Eu vou ficar dentro desse casulo para me proteger dos problemas dele e vou seguir com a minha vida; abro o zíper e vou fazer as minhas coisas, porque por hora eu acho que é uma boa solução.

T: Talvez tenha uma terceira possibilidade aqui. Você ficar no casamento, mas você no casulo com zíper, entrando e saindo, sem ser responsável pelas coisas dele.

C: Sim.

T: Então, quando você pensa nesse casulo com zíper, as palavras positivas que você disse, *eu não sou responsável pelas coisas dele*, são as palavras que você quer utilizar ou existem outras?

C: Me vem a sensação de que eu estou protegida. Dá a sensação de conforto, que eu posso me proteger, me preservar. Me vem muito a ideia de que eu não tenho mais que resolver isso.

T: Parece que você resolveu.

C: Sim.

T: Resolveu, mas de uma forma que não é nem uma nem a outra alternativa; é uma terceira. Vou ficar no casamento mais um tempo. Não é uma coisa que dá para resolver agora. Eu vou ficar, mas do meu jeito. No casulo com zíper. Então, pensando na imagem que você tem, quando você pensa nas palavras positivas... quis ficam melhor *eu tô protegida, posso me proteger, posso me preservar*?

C: Na verdade é de que *eu tô segura*.

T: Tô segura. OK. Numa escala de um a sete, onde sete é completamente verdadeiro e um completamente falso, quão verdadeiro você sente que são essas palavras, *eu tô segura*, quando você pensa nessa alternativa?

C: Cinco.

T: Então eu quero que você pense no casulo, pense nas palavras, *eu tô segura*, e siga os meus movimentos.

C: Vai dar trabalho.

T: Vai dar trabalho?

C: Vai.

T: Sei.

C: A minha sensação é o seguinte: *putz, agora é que eu aprendo a voar* [Risos]. Esse casulo vai ter que ser bem na hora de dormir mesmo, sabe? Na hora que chego em casa, porque no mais vou ficar batendo asas. Não vai ter jeito.

T: Entendi.

C: O que eu posso fazer?

T: Então, quando você pensa no seu casulo com zíper, pense nas palavras, *eu tô segura*, quão verdadeiro você sente que são essas palavras agora, quando você pensa nisso?

C: Sete, eu me sinto segura.

T: (MBLs).

C: Me deu vontade de ir para o casulo.

T: OK.

C: Me veio a ideia: vai ser um jeito de eu me proteger; de eu não perder o que eu já conquistei até hoje. As coisas que eu já conquistei, as habilidades que eu já conquistei, as coisas que eu já trabalhei, então vai ser um jeito de me manter mesmo preservada durante esse momento. Eu já tava com muito medo de me perder.

T: E agora?

C: Não. Fica a ideia de que, tomara que funcione [Risos]. Tomara que funcione.

T: Pense nisso. (MBLs).

C: É, me veio uma lembrança do passado de, nossa! quando eu fazia isso na minha infância. Era terrível porque ir para esse lugar era para sobreviver. É muito lá dentro de mim. É muito doído. Eu acho que é por isso que eu ficava muito assustada de fazer isso agora. Me dava algo assim: *de novo esse lugar? Vou ter que fazer isso de novo na minha vida?* Mas aí me veio essa ideia de que, *não, é diferente mesmo, é um outro momento.* Eu posso entrar nesse casulo que isso não é morte. Isso é só uma capinha para eu me proteger temporariamente. No começo eu meio que fui um pouco para a frente, quando eu pensei: *tomara que isso dê certo*, eu fui um pouco para a frente. Depois vi a gente bem e eu pensei, *nossa, que bom que eu fiquei lá fechada esse tempo, que isso preservou muita coisa.*

T: Pense nisso. (MBLs).

C: Me veio a imagem de eu chegando em casa, minimamente explicando para ele. Vou ficar na minha. Vou usar essa metáfora das farpinhas. Falar não tá dando. Você chega perto de mim, me espeta; *eu tô me espetando.* Então entregar um cartãozinho dos terapeutas EMDR de plantão, [Risos], e falar, *oh! vai lá, a hora que você quiser, e na hora que você puder voltar, bate lá que eu tô la.*

T: Como é que fica assim?

C: Fica bom. Tomara que eu consiga fazer...tomara que isso seja possível.

T: Numa escala de um a sete, onde sete é completamente

verdadeiro e um é falso, quando você pensa nas palavras, *eu consigo fazer isso,* como é que está?

C: Eu consigo fazer isso? É sete. Se isso vai resolver?

T: o que você acha?

C: [Risos] É essa a minha dúvida, porque tem a parte dele. Então é essa a dúvida.

T: É. Você dá conta de fazer isso? Sim ou não?

C: (Balança a cabeça afirmativamente).

T: Sete?

C: (Balança a cabeça afirmativamente).

T: Ok. As consequências não estão mais nas suas mãos.

C: Não.

T: Então feche os olhos só um instantinho, pense nessa *alternativa casulo com zíper,* você saindo para fazer as suas coisas, voltando para a casa de noite, se fechando no casulo por um tempo, na esperança de que isso vai dar resultado. Dê uma escaneada no seu corpo e veja se tem algum desconforto corporal.

C: Tem um aqui (aponta para a região da laringe).

T: Ok. Então presta a atenção nisso. O quanto te incomoda exatamente?

C: Seis.

T: OK. (MBLs).

C: Me veio a imagem de eu vomitando um monte de coisas que eu não concordei. Ficava muita culpa que ele colocou em mim: que eu fiz isso, que fiz aquilo, fiz isso, fiz aquilo. Me veio eu vomitando. Eu não vou engolir isso.

T: OK. E agora, como é que está o desconforto?

C: Ficou uma coisa. Parece que eu senti passar para o estômago. Saiu daqui, mas parece que alguma coisa ficou. Não sei se é uma coisa como se algo tivesse se movido, mas ficou uma sensação no estômago.

T: Positiva? Negativa?

C: Me parece que um pouco negativo.

T: Quanto?

C: Um desconforto de dois.

T: Pense nisso.

C: Pode ser de olho fechado?

T: Pode. Eu posso fazer os movimentos nas suas mãos?

C: Sim.

T: [Terapeuta deixa de fazer os movimentos visuais e passa a movimentos táteis. MBLs].

C: Terminou um zunzum mesmo assim. Alguma coisa que parece que fica depois que a gente vomita, mas não é ruim.

T: Sei.

C: É, isso. Me veio: foi bom ficar aqui comigo.

T: E quanto que incomoda agora de zero a dez?

C: Zero.

T: OK. Você sabe que o reprocessamento continua depois da sessão.

C: Graças a Deus [Risos].

T: E podem aparecer outras coisas.

C: Sim.

T: Às vezes não vem nenhuma alternativa, na medida em que a gente vai reprocessando. Mas aqui surgiu uma terceira alternativa. Eu acho interessante essa que surgiu. Eu tenho uma amiga do AA [Alcoólicos Anônimos] que diz que *se nada muda, nada muda*. Então eu acho que na medida em que você tenta introduzir uma mudança no seu sistema, pelo menos muda algo. Do jeito que tá, já está previsível. Você sabe que se fizer A ,vai ser B; se ele fizer A vai ser C. Assim são as coisas. Você já tem uma alternativa conhecida. Aí você teve que medir se você aguenta ficar desse jeito que começou ou não, e você acha que não. Ficou muito claro que do jeito que está você não está aguentando.

C: Sim, tá certo.

T: Mas que a alternativa não tem que ser necessariamente a separação. Pode ter uma outra forma de ficar com ele, que não lhe faça mal; que não ponha em jogo o seu casamento ainda; pelo menos, não destrói, não termina, não culmina necessariamente em uma separação agora. E que ainda lhe inspira uma esperança de que, quem sabe introduzindo essa mudança no seu sistema, eventualmente a coisa pode se resolver de outra maneira.

C: Sim.

T: Você sempre tem a alternativa da separação. Essa tá aí. Ficar você sabe fazer se precisar, mas parece que vale a pena fazer um esforço de introduzir uma mudança que lhe protege, lhe deixa mais segura. E quem sabe, pode eventualmente introduzir um efeito positivo no seu casamento. Eu acho assim muito legal!

Eu quero lhe agradecer também por compartilhar isso conosco, especialmente por uma coisa tão difícil como essa, e vamos ver como as coisas vão se resolver. Depois você manda um bilhetinho, tá legal!

C: Eu que lhe agradeço. Obrigada!

Vários anos depois, quando eu escrevi para Fernanda para saber como ficou a sua resolução dilema, ela me respondeu:

Agradeço que você tenha me enviado a sessão para que eu pudesse revisar. Depois que li, fiquei passando um filme na minha cabeça.

Tantas foram as coisas que aconteceram depois dessa sessão!

Hoje estou divorciada. Foi um processo longo. Cheguei a ficar morando fora do país por uns seis meses. Até fiz um curso de especialização em trauma.

Alguns novos amores já passaram pela minha vida.

Quanto ao casamento... ainda limpo algumas coisas, principalmente para me liberar por inteiro para um novo relacionamento; mas nem de longe sinto mais a perturbação que sentia em estar casada, a perturbação de me sentir impedida de viver. Ainda que anseio por um novo amor, posso dizer que estou mais feliz, mais livre, mais leve.... em constante movimento, como na importante metáfora do estar dentro do meu carro.

Estou encontrando e topando novos desafios profissionais com energia e disposição; trabalhando com terapia EMDR e pessoas que sofreram abuso e violência. Quero me especializar mais nisso.

Tenho a esperança de uma hora poder encontrar alguém com o qual valha a pena compartilhar minha vida.

Te sou grata!

O que Faz um Barbante[3]

T: Então vamos lá, o quê você quer trabalhar hoje, Rosana?

C: Eu quero trabalhar uma questão de quando eu estava com uns sete anos. Me vi na escola, na primeira série, e eu me lembrei da professora. Acho que um dia antes, que ela disse que iria trazer um rolo de barbante e quem se levantasse da cadeira, ela iria amarrar. Ela deu a aula, eu fiz a minha tarefa e me levantei e fui para o fundo da classe. Quando ela chegou, ela me amarrou! Ficou só com essa mãozinha para fora. Me emociona agora só de lembrar. (E se emociona.)

T: Incrível como essas coisas de criança ainda mexem com a gente.

C: E às vezes, eu me sinto meio engessada até hoje.

T: Então, só para eu ter claro a imagem que você quer trabalhar: me descreve a foto?

C: Eu, bem enroladinha. Enroladinha, enroladinha. Fiquei na altura da cadeira, enrolada em barbante.

T: E quando você pensa nessa lembrança difícil, Rosana, que palavras descrevem melhor o que você pensa sobre si mesma agora que sejam negativas?

C: Quando eu penso na cena? que palavras? na exposição.

T: Então, poderíamos dizer, *eu estou exposta*?

C: Estou.

T: Você também falou, *eu tô engessada*?

C: Engessada.

T: E me ocorreu também, *eu tô amarrada*?

C: Eu tô amarrada, sim.

T: Qual dessas expressões você acha que melhor descreve essa experiência?

R Engessada.

T: Então tá. E quando você pensa nessa experiência difícil, que palavras descrevem melhor o que você gostaria de pensar sobre

---

[3]   Pode-se   assistir   o   vídeo   dessa   sessão   no   youtube.com: https://www.youtube.com/user/EMDRBRASIL

si mesmo agora que fossem positivas?

C: Eu quero ser livre.

T: Como é que fica, estou livre? Posso ser livre?

C: Que eu posso ser livre.

T: E quando você pensa nessa lembrança difícil, numa escala de um a sete, onde sete é completamente verdadeiro e um é completamente falso, o quanto você sente que essas palavras positivas são verdadeiras, *eu posso ser livre*?

C: De zero a sete?

T: De um a sete.

C: De um a sete.

T: Sete é completamente verdadeiro e um é completamente falso.

C: Eu acho que sete. É isso?

T: Quando você pensa na cena.

C: Na cena, tá.

T: E pensa nas palavras, *eu posso ser livre*, ou, *eu sou livre* ou *estou livre*.

C: Ah, *eu quero ser livre* [Risos].

T: É, eu acho que isso é o que você deseja, mas vamos usar assim no definitivo. Eu estou livre! que significa que eu não estou mais amarrada.

C: Isso. Eu estou livre.

T: *Eu estou livre.* Então de um a sete, onde sete é completamente verdadeiro e um, completamente falso, quão verdadeiro você sente que são essas palavras *estou livre,* agora, em relação aquela cena?

C: Um.

T: E quando você pensa nessa experiência difícil, e você pensa nas palavras, *eu estou engessada,* quais as emoções que surgem para você agora?

C: Meu coração está muito acelerado.

T: E quais são as emoções?

C: Tristeza.

T: Tristeza. OK. Quando você pensa nessa experiência difícil, quanta perturbação você sente agora, numa escala de zero a dez, onde dez é a maior perturbação que você pode imaginar na vida e zero é nenhuma, quando você pensa naquela experiência difícil, quanta perturbação você sente agora?

C: Acho que dez, porque o coração quer saltar na boca.

T: Eu ia lhe perguntar onde você sente essa perturbação no seu corpo, mas você está me dizendo que está no coração...?

C: Sinto aqui no coração.

T: Rosana, o que nós vamos fazer hoje é o seguinte: quero que você mantenha na sua mente alguns pensamentos perturbadores, enquanto eu peço para você seguir meus movimentos bilaterais. Eu farei isso por um tempo e depois eu vou parar e você apenas me diz o quê você está experimentando. Às vezes, as coisas vão mudar, e às vezes, não. Pode ser que eu lhe pergunte se alguma coisa surge. Às vezes, coisas novas podem surgir, e às vezes, não. Não existe um jeito certo de fazer isso. O que a gente quer aqui é que você responda da maneira mais precisa possível sobre o que estiver lhe acontecendo, sem julgar se isso deveria estar acontecendo assim ou não. Deixe que aconteça o que tiver que acontecer. Eu vou fazer uns movimentos bilaterais e depois a gente fala sobre o que aconteceu. Você tem alguma dúvida, alguma pergunta?

C: Não.

T: Vou pedir para você tirar os óculos. Então, volte a pensar na imagem difícil que você me descreveu, pense nas palavras negativas, *eu estou engessada*, veja onde você sente isso no seu corpo e siga meus movimentos. (MBLs). Respire fundo; solte. E agora?

C: Tenho uma sensação um pouquinho melhorzinha.

T: Podemos continuar?

C: Podemos.

T: (MBLs). Respire fundo; solte. E agora?

C: Sinto melhor. O coração está mais tranquilo.

T: OK. Podemos continuar?

C: [Balança a cabeça afirmativamente.]

T: Vamos com isso? (MBLs). Respire fundo. E agora?

C: [Risos] Tudo bem. Estou bem.

T: Volte para a experiência difícil, e usando essa escala de zero a dez, onde dez é a máxima perturbação que você pode imaginar e zero é nenhuma, quanta perturbação você sente agora, quando você pensa nisso?

C: Caiu muito, muito. Quatro. Até arriscaria menos. [Risos].

T: Então, quanto seria?

C: Dois.

T: O quê é esse dois?

C: Esse dois, o quê é? Falta... o quê falta? Eu disse que estava engessada. Ah que falta me desprender do que resta.

T: Vamos com isso? (MBLs). Respire fundo; solte. E agora?

C: É incrível! [Risos]. É incrível, mas eu estou bem. É zero.

T: É zero. Beleza. E quando você pensa naquela imagem, mudou alguma coisa? Com aquela menina?

C: Ah, mudou, sim. Agora não tem mais importância, ou não tem tanta importância. Está lá atrás. Afinal de contas, estou com 50 e tanto, né? É incrível. Ela se distanciou muito de mim.

T: Vamos dar mais uma passadinha?

C: Vamos.

T: (MBLs). Respire fundo. Solta.

C: Dá vontade de ficar assim, procurando o seu dedinho. [Risos. Refere-se aos dedos da terapeuta que estão fazendo o movimento bilateral]. A sensação no final foi a emoção da tristeza. De olhar para aquilo lá, pensar naquilo lá, naquela cena... e sentir alívio. Agora o coração está tranquilo. A tensão melhorou. No começo, parece que os olhos estavam mais rápidos. Pareciam olhos ansiosos. Depois eu fiquei buscando os dedinhos e conseguindo acompanhar melhor.

T: E agora quando você volta para aquela experiência inicial difícil e pensa na escala de zero a dez, onde dez é a máxima perturbação e zero é nenhuma, quanta perturbação você sente agora?

C: Zero. Já está tão longe, tão longe! [Risos]. Não tenho mais aquela idade. Ela está longe. Eu consigo passear por aquela sala. A menina era muito presente nessa sala. E consigo passear por ela. Numa das vezes essa professora trazia umas histórias. Ela foi a professora da minha mãe e depois foi a minha professora. Ela está viva ainda. Às vezes, eu tinha vontade de encontrar com ela, numa tentativa de restaurar sei lá o quê. Mas agora não preciso mais disso. Não preciso mais me encontrar com ela. Não precisou resolver através dela. Sinto que está resolvido.

T: Então tá, pense na lembrança difícil com a qual nos começamos.

C: Ok.

T: Pense nas palavras, *eu estou livre*; são essas as palavras que você quer reforçar? Elas ainda são válidas ou tem outras palavras?

C: Eu quero tirar o *eu estou*, e colocar o *eu sou*.

T: Então, pense nessa experiência inicial, pense nas palavras *eu sou livre* e numa escala de um a sete, onde sete é completamente verdadeiro e um é completamente falso, quão verdadeiro você sente que são essas palavras *eu sou livre*, agora?

C: De?

T: Um a sete.

C: A sensação que eu tenho é que a engessada está lá atrás olhando para o presente. Não posso dar sete, porque a cadeira, o gesso, ainda estão aí. Então fico imaginando que não consigo dizer sete por isso. Acho que é um movimento por acontecer. Incrível como eu me sinto.

T: OK. Vamos com isso?

C: [Se emociona e chora durante os MBLs.]

T: Vou continuar [os movimentos bilaterais] nos teus joelhos, OK?

C: [Balança a cabeça afirmativamente.]

T: (MBLs). Respire fundo; solte.

C: Agora aquela ceninha me prendeu. Veio a emoção de novo. É assim: *eu preciso, eu quero, eu sou capaz, eu vou, eu preciso sair da cadeira.* Deu vontade de não ficar sentada nessa [Risos]. Não quero mais cadeira na minha vida [Risos].

T: Podemos continuar?

C: Podemos.

C: Dá licença para eu levantar?

T: Dou licença. Claro! Fica à vontade.

C: Eu preciso levantar.

T: O quê está acontecendo?

C: Eu estourei todos os barbantes [Risos]. Arrebentei tudo. Agora eu posso sentar em em outro estado. Parece que os barbantes fizeram *puft*.

T: Que coisa boa!

C: Muita coisa muscular acontecendo. Eu virei até uma fibromiálgica, por conta disso. Não só por isso, mas eu acho que teve a ver. Eu sempre fui muito solta. Agora é como se eu estivesse resgatando essa menina.

T: (MBLs).

C: Aí eu preciso soltar o corpo. [Risos]. Preciso me esticar. [Estica-se na cadeira]. Vieram outras imagens, coisas da educação, e aí, de novo (aperta as duas mãos, cruzando-as), engessa. Mas parece que aí diluiu... Pronto, agora passou.

T: OK.

C: Agora veio para o presente de novo. Presente muito... deixa eu ver a palavra... para ser fiel ao que estou sentindo. Liberdade, por isso é que eu estou aqui, né! [Risos].

T: É.

C: Por isso que eu voei, por isso que, que eu quero voar como já tenho feito. Isso é uma vitória, essas conquistas. Mas eu queria agora a sensação... senão vai ficar muito voltado para fora. Dependendo dos outros para ter autorização para alguma coisa.

T: Vamos com isso. (MBLs.)

C: A imagem. É que eu sofri demais por aquilo.

T: Sei. Vamos dar uma conferidinha?

C: Vamos.

T: Você ia dizer algo?

C: Não.

T: Volta à experiência inicial mais uma vez, e numa escala de zero a dez, onde dez é a máxima perturbação e zero nenhuma, quanta perturbação você sente agora quando você pensa naquilo?

C: Zero.

T: E agora quando você pensa nessa experiência e você pensa nas palavras *eu sou livre*.

C: Eu sou livre.

T: *Eu sou livre,* de um a sete, onde sete é completamente verdadeiro e um é completamente falso, quão verdadeiro você sente que são essas palavras agora, quando você pensa naquilo? *Eu sou livre.*

C: Sendo fiel [risos]?

T: Sendo fiel.

C: Nem é sendo fiel, sendo honesta. Eu acho que eu estou quase lá.

T: Que número é quase lá?

C: Seis.

T: OK. Vamos ver você chegando lá?

C: Claro! [Risos].

T: Então vamos lá! (MBLs).

C: Ah, quando você perguntou se tinha alguma outra coisa para falar... ela veio agora de novo, uma sensação... Acho que quando eu fui lá naquela cena onde estava amarrada, não foi só o corpo. Foram muitas emoções as alegrias também. E aí eu fui ficando meia tristinha. Aliás, hoje eu estou ainda. Quando eu cheguei aqui, a sensação era assim. Certa vez, com o meu marido... a gente saiu. Até então eu estava feliz. Aí eu fui chegando em casa e eu fui ficando triste. Eu tenho muito disso: alegre/triste. Eu associei agora a esta coisa de estar tudo amarrado. Meu marido bateu no meu ombro, me vendo que estava triste, fechada, com a cara séria. Ele disse assim para mim: *Ei! Vamos lá! Eu quero aquela outra!* [Risos]. Eu nunca me esqueci dessa cena, então me veio isso. A sensação de que lá trás, porque depois disso não foi só a professora. Teve história de pai, que também enclausurou a Rosana ali. Então, olhando para isso agora me veio tudo isso; pai, marido, triste, alegre, presa em todos os sentidos. Acho que eu preciso ficar um pouquinho assim olhando para essa história.

T: Podemos continuar?

C: Podemos.

T: (MBLs).

C: Eu tenho que fazer movimentos corporais. Confesso que deu um pouquinho de medo do futuro. Será que eu vou conseguir ser um por cento? A sensação de que esse um... ah, não é esse um por cento. Esse um é [balança a cabeça afirmativamente].

T: Sim? [Risos]

C: Sim. Óbvio! [Risos]. Claro. *Já tá, né!*

T: Então confirme. Volta lá para aquela cena inicial, pense nas palavras *eu sou livre*, numa escala de um a sete, onde sete é completamente verdadeiro e um é completamente falso, quão verdadeiro você sente que são essas palavras, *eu sou livre*, agora, em relação aquilo?

C: Eu sou. Sete.

T: Vamos dar uma conferidinha?

C: Vamos.

T: (MBLs). Respire fundo.

C: Incrível, eu não senti falta do meu óculos. [Risos]. Eu preciso sentir essa sensação boa um pouquinho.

T: Por que só um pouquinho?

C: [Risos] Por que eu estou com medo de terminar e isso passar.

T: Sei. Como se fosse alguma coisa que *eu* fizesse ao invés de ser uma coisa que é sua?

C: Confesso que fiquei com medo de perder o dedinho [Risos].

T: (MBLs).

C: É meu, né?

T: É. Isso é todo seu.

C: É. Eu preciso me abraçar. Acho que [balança a cabeça afirmativamente] tenho que fazer alguma coisa pelo menos muscularmente. [Rosana levanta da cadeira e se estica. Dá uma volta ao redor da cadeira antes de voltar a se sentar.]

T: OK. Tá no sete?

C: Estou no sete.

T: Vamos fazer o seguinte: eu quero que você feche os olhos mais um instantinho. Concentre-se na experiência difícil, que a gente vem trabalhando, pensa nas palavras positivas *eu sou livre* e dá uma examinadinha em todo o seu corpo para ver se tem alguma perturbação ainda.

C: Não.

T: Ok. Rosana, o reprocessamento que nós fizemos hoje pode continuar depois da sessão. Pode ser que durante o restante do dia ou da semana você tenha novos "insights", pensamentos, lembranças ou sonhos. Se isso acontecer apenas preste atenção no que está experimentando, no que vê, sente, pensa e atente para os disparadores. Faça um registro ou compre um caderninho e mantenha um diário das coisas que vão surgindo durante a semana. Você pode ir anotando o que vai acontecendo e nas próximas sessões a gente pode ir trabalhando essas coisas. Se você precisar de alguma coisa você entra em contato comigo. Tudo bem?

C: Tudo ótimo!

T: É tudo teu?

C: Tudo meu; tudo meu.

T: Pois então, parabéns! Porque, realmente, é tudo teu.

C: Obrigada!

T: Eu que agradeço, por sua generosidade e a sua confiança de compartilhar isso com a gente.

T: Vamos lá curtir!

C: Vamos lá curtir! [Risos].

Medo de Matemática:
A Vara e a Lousa

A dificuldade com a matemática parece ser algo muito comum. Infelizmente, muitas pessoas ficaram travadas a partir de experiências difíceis na escola. Este caso é bem típico de muitas experiências que se ouve no consultório.

Inicialmente, parece que a resolução da primeira experiência que Lucy relata foi bastante fácil e muito rápida, algo que depende muito da forma de reprocessamento de cada paciente. Muitas vezes há repetidas experiências com a mesma temática, e aqui tivemos a oportunidade de trabalhar outra experiência escolar ligada ao mesmo tema. Quando se monta o plano de tratamento inicial para o paciente, organiza-se também a sequência de alvos. Apesar de que essa sequencia não foi estruturada no começo dessa sessão, Lucy tinha comentado que havia tido muitas situações constrangedoras com o tema da matemática. Por essa razão, uma vez que se resolveu rapidamente a primeira experiência, e havia tempo, passamos à uma segunda. Dessa forma podemos ver neste relato o "fio da meada" que tantas vezes vincula lembranças com a mesma temática.

Terapeuta: Então, Lucy, nós já instalamos o lugar seguro. [Um recurso positivo que se usa na terapia EMDR caso o paciente precise descansar ou parar antes de dar continuidade ao reprocessamento.]

C: Sim.

T: Nós já sabemos quais os movimentos que você gosta. Você já conhece o sinal de pare caso precise parar. Sua metáfora é a da televisão. [Um recurso de distanciamento caso seja necessário usá-lo durante o reprocessamento. Então eu gostaria de saber o quê você gostaria de trabalhar hoje. Você tinha me descrito uma situação bem, bem delicada de quando você era menina na escola. Quem sabe você volta a me contar um pouquinho sobre isso.

C: Tá, vamos trabalhar com uma situação que eu vivi no

primeiro período escolar. É do primeiro ao terceiro ano.

T: Você tinha quantos anos mais ou menos?

C: Eu tinha sete anos. E eu sempre fui muito alta, acima da estatura normal de uma criança de sete anos. E sempre sentei na primeira carteira, porque meu pai era muito amigo do diretor do colégio onde eu estudava e amigo íntimo do professor que me lecionou do primeiro ao terceiro ano. Ele fazia questão que eu sentasse na primeira carteira. Ele era professor de matemática e ele me fazia ir à lousa, frequentemente, fazer exercício de matemática. Quando eu errava, ele batia uma vara de pescar que ele tinha, bem grande, na e chamava pelo meu sobrenome. Dizia assim, *"O-li-vei-ra! Você errou! Você é burra!* Daí eu ficava morrendo de vergonha diante dos meus colegas.

Para completar, eu sentava toda encorujada, porque o meu amigo que sentava atrás de mim, dizia, *Você é uma girafa! porque é muito grande! Você fica me atrapalhando a enxergar a lousa!* Eles não me mudaram para trás porque meu pai tinha amizade com o diretor do colégio. Aquilo me marcou profundamente nesses três anos. Eu ficava de sobressalto o tempo todo na aula. Não sabia nada do que o professor estava falando. Eu só ficava aguardando o momento em que ele ia me chamar na lousa. Hoje eu tenho 48 anos e não sei matemática. Na época em que os meus filhos estudavam, foi meu marido que passou a matéria para eles durante os anos escolares. Hoje já estão formados.

Eu tinha muita vontade de aprender matemática. [Risos] Eu acho que faz parte da vida da gente. Quando a gente está fazendo algum curso, como esse, fico pensando, *ainda bem que a professora não falou nada sobre desvio padrão!* [Risos] Não sei sobre nada sobre essa coisas, porque tudo envolve matemática. Às vezes, quando eu brinco com os meus filhos, eu digo, *ah, não me pergunte nada, nem dois mais dois, porque eu não sei.* Isso frequentemente volta na minha mente.

T: Então tá, vamos trabalhar isso hoje. Vou lhe pedir o seguinte: quando você pensa nessa lembrança, qual a imagem ou a foto que representa essa experiência difícil? Se você batesse uma foto e me descrevesse, qual seria?,

C: Ah, é a foto do professor batendo a vara na lousa e me chamando de *Oliveira, você é burra.*

T: Quando você pensa nessa lembrança difícil, quais são as palavras negativas que melhor descrevem o que você pensa sobre si mesma?

C: Uma palavra?

T: Uma expressão. Eu sou...

C: Ah, eu ficava insegura. Eu ficava com medo. Eu ficava constrangida de estar ali na presença de todos os alunos. Eram 40 alunos na sala.

T: Mas qual seria a expressão sobre si mesma? *Eu sou burra,* que nem ele falou? *Eu sou incapaz?*

C: Ah, sim, *eu sou burra em matemática! eu sou burra em matemática!*

T: Vamos trabalhar especificamente sobre essa cena.

C: Isso.

T: Então, esta seria a expressão para essa situação, né? E quando você pensa nessa lembrança difícil, quais as palavras que descrevem melhor o que você gostaria de pensar sobre si mesmo agora que fossem positivas?

C: Ah, que quando ele me chamasse na lousa eu fizesse todo o exercício e todo mundo falasse: *ah, como ela é inteligente!*

T: Sou inteligente?

C: É.

T: Seria o que você gostaria?

C: Isso.

T: Agora, quando você pensa nessa lembrança, numa escala de um a sete, onde sete é completamente verdadeiro e um é completamente falso, quão verdadeiro você sente que são essas palavras positivas, quando você pensa nisso agora, *eu sou inteligente?*

C: Ah, um. Sei lá, um ou zero, não sei.

T: Zero não tem. De um a sete.

C: Um.

T: Você não acredita de jeito nenhum que você é inteligente em relação a isso?

C: Na matemática, não.

T: E quando você pensa nessa experiência e nessas palavras negativas, *eu sou burra*, quais as emoções que você sente agora?

C: Insegurança.

T: E quando você pensa nessa experiência difícil, quanta perturbação você sente agora numa escala de zero a dez, onde dez é a máxima perturbação que você pode imaginar e zero é nenhuma perturbação?

C: Sete.

T: E aonde é que você sente essa perturbação no seu corpo?

C: Aqui no meu coração.

T: Vamos começar o processo de dessensibilização. Você lembra do sinal de pare, caso precise parar em qualquer momento. O que vamos fazer agora é observar o que você está experimentando durante o reprocessamento. Eu preciso que você me diga de vez em quando o que está acontecendo. Às vezes, as coisas vão mudar, às vezes, não. Eu vou perguntar como você se sente numa escala de zero a dez, onde zero é nenhuma perturbação e dez é a máxima perturbação que você pode imaginar. Algumas vezes vai haver mudança e outras vezes, não. Talvez eu pergunte se surgiu alguma outra coisa, às vezes, podem surgir e às vezes, não. Não existe um "jeito certo" de fazer as coisas neste processo, por isso responda da maneira mais precisa possível sobre o que estiver acontecendo sem julgar se deveria estar acontecendo assim ou não. Deixe que aconteça o que tiver que acontecer. A gente vai fazer uns movimentos bilaterais e depois nós vamos falar sobre o que aconteceu. Eu não preciso saber todos os mínimos detalhes, mas você me dá uma ideia básica se tem algumas mudanças, o que surgiu, se outras coisas apareceram. Ok? Vamos lá?

C: Vamos.

T: Então, pense na imagem dessa lembrança difícil, pense nas palavras negativas *eu sou burra*, localiza isso no seu corpo, e siga os meus movimentos. (MBLs).

T: Respire fundo; solte. E agora, o quê surgiu?

C: Tudo igual.

T: Vamos continuar? (MBLs) Respire. [Risos da cliente.] O

que foi?

C: Posso falar?

T: Sim, claro. Conte.

C: Eu vi, eu fazendo exercícios (de matemática). [Risos].

T: É mesmo?

C: Meu professor não bateu mais a vara na lousa.

T: É mesmo? Muito bem. Vamos com isso?

C: Vamos.

T: (MBLs). Respire fundo, solte. E agora?

C: Foi muito bom. Todo mundo levantou, me aplaudiu e eu consegui fazer o exercício e o meu professor me abraçou.

T: Ah, que bonito. Lindo. Então, Lucy, voltando na experiência difícil inicial. Utilizando a escala de zero a dez, onde zero é nenhuma perturbação e dez é a máxima perturbação que você pode imaginar, quanta perturbação você sente agora?

C: Eu não consigo mais ver o professor batendo a vara na lousa.

T: OK.

C: Eu só consigo ver ele sorrindo e vindo me abraçar.

T: Bacana.

C: Acho que zero. um zero... um.

T: Zero ou é um? Nessa escala vai de zero a dez. É zero ou é um?

C: Zero.

T: Zero é nenhuma perturbação.

C: É.

T: É assim que você sente?

C: É.

T: Então tá. Agora, quando você volta a pensar nessa lembrança difícil com a qual nós começamos, essas palavras *eu sou inteligente*, ainda são válidas? Ainda ressoam com o que você sente em relação à experiência ou tem outras palavras que você gostaria de usar?

C: De positivo?

T: Sim.

C: Não, acho que *eu sou inteligente*.

T: Muito bem. Pensa nessa experiência inicial e nas palavras eu sou inteligente, numa escala de um a sete, onde sete é completamente verdadeiro e um é completamente falso. O quanto você sente que essas palavras positivas são verdadeiras agora?

C: Sete.

T: No duro?

C: Sim.

T: Então, quero que você pense nessa experiência difícil, pense nas palavras *eu sou inteligente* e siga os meus movimentos.

C: Tá.

T: (MBLs). Respire fundo.

C: [Cliente bate palmas e ri]. Eu sou inteligente! Consegui fazer tudo.

T: É mesmo?!

C: Foi muito lindo.

T: Que bacana, conseguiu ir na lousa e fazer todos os exercícios?

C: Fui e fiz. E não estava encolhida. Estava bem esticada.

T: Não importava a altura?

C: Não.

T: Então tá, agora mais uma vez, numa escala de um a sete, onde sete é completamente verdadeiro e um é completamente falso, quão verdadeiro você sente que são essas palavras *eu sou inteligente*?

C: Sete.

T: Então, agora feche os olhos um instantinho. Concentre-se na experiência difícil que nós acabamos de trabalhar e faça um escaneamento no seu corpo. Veja se tem alguma perturbação no seu corpo ainda ou se está tudo resolvido.

C: Ah, meu coração não acelera mais.

T: Não acelera mais. Tem alguma perturbação?

C: Não.

T: Lucy, o reprocessamento que nós fizemos hoje pode continuar mesmo depois da sessão, pode ser que durante o restante do dia ou da semana, você tenha novos *"insights"*, pensamentos, lembranças, ou sonhos. Se isso acontecer apenas preste atenção no que está experimentando: no que você vê, sente e pensa. Atente para os disparadores. Se você quiser, pode ir tomando nota num caderninho. Se acontecer alguma coisa mais séria, você pode me ligar.

Agora, me diz uma coisa: a gente ainda tem tempo na nossa sessão e eu pensei da gente trabalhar alguma das outras lembranças que tenham lhe incomodado e que estão vinculados a esse tema. Você se lembra de outras situações no seu passado parecidas com essas que lhe incomodaram? Em relação a aprendizagem da matemática?

C: Sim, me lembro.

T: Como é que era?

C: Foi na oitava série. Eu tirei *dois* na prova de matemática. Foi a pior nota que eu já tirei na minha vida. Quando eu cheguei em casa eu apanhei muito, porque meu pai disse que tinha pago um monte de professor particular e eu tinha que ter tirado pelo menos oito na prova.

T: Você tinha quantos anos?

C: Eu tinha de 13 para 14 anos.

T: Sei. E quando você pensa nessa experiência agora, quais são as palavras negativas que você pensa a seu respeito?

C: Ah, meu pai dizia sempre: *É, você não vai dá nada. Você não vai conseguir nada na vida. Você é burra. Você não estuda. Olha o seu irmão como é inteligente e só tira dez em matemática. Com você, eu já gastei um monte com professor particular em matemática e você não consegue aprender.*

T: Então, qual seria a crença negativa? Seria, *eu sou burra? Sou incapaz?*

C: Que eu não vou dá nada; que eu sou incapaz.

T: *Que eu não vou dá nada,* qual que é a melhor? *Eu não vou dá nada* ou *eu sou incapaz?*

C: *Eu não vou ser nada.*

T: E pensando nessa experiência difícil que está nos descrevendo, quais são as palavras que descrevem melhor o que você gostaria de pensar a seu respeito que fossem positivas.

C: Uma palavra?

T: Uma expressão; uma crença positiva; o que você gostaria de pensar a seu respeito. Ao invés de pensar *eu não sou nada*, o quê você gostaria de pensar a seu respeito que fosse positivo?

C: Ah, que mesmo no oculto, mesmo no secreto, eu ajudasse muitas pessoas a ser feliz.

T: Como é que a gente podia explicar e dizer isso numa expressão? *Eu sou capaz, eu posso ajudar os outros, eu dou conta, eu sou alguém, sou alguém importante?*

C: Eu sou alguém para alguém.

T: OK. E quando você pensa nessa situação com o seu pai e você pensa nas palavras positivas, *eu sou alguém para alguém*, numa escala de um a sete, onde sete é completamente verdadeiro e um completamente falso, quão verdadeiras você sente que são essas palavras, *eu sou alguém para alguém*, em relação a isso agora?

C: Três.

T: E quando você pensa na experiência com seu pai, e pensa nas palavras negativas, *eu não sou nada*, que emoções surgem agora?

C: Uma insatisfação enorme; uma vontade de agradar ao meu pai; uma vontade de corresponder à expectativa dele.

T: E quais são as emoções que você sente quando ele fala todas essas coisas para você?

C: Raiva

T: E quando você pensa nessa experiência difícil, quanta perturbação você sente agora numa escala de zero a dez, onde dez é a máxima perturbação que você pode imaginar e zero nenhuma.

C: Cinco.

T: E aonde você sente isso no seu corpo?

C: Aqui também (aponta em direção ao coração).

T: Então, eu quero que você volte a pensar nessa experiência difícil, pense nas palavras *eu não sou nada*, localize isso no seu corpo e siga meus movimentos.

T: (MBLs). Respire fundo. O que surgiu agora?

C: Nada; só o meu coração batendo, só isso.

T: O quê significa esse coração batendo?

C: Medo.

T: Vamos com isso? (MBLs). Respire e agora?

C: Acho que é uma ansiedade... não sei.

T: Vamos continuar? (MBLs). Respire fundo; solte e agora?

C: [Cliente fala como que se estivesse conversando com o seu pai na cena.] *Olha, Pai, eu tirei dois mesmo, mas eu vou aprender. Uma hora eu vou aprender.*

T: Vamos continuar? (MBLs). Respire fundo.

C: Tirei oito, Pai! [Risos] Eu vi o número oito no cantinho da prova.

T: É mesmo?

C: Em vermelho.

T: Olha só, que bom! Vamos continuar mais um pouquinho? (MBLs). Respire, solta. E agora?

C: Eu vi a dona Sara, entregando a minha prova. Ela era professora de matemática da oitava série. Era nove e meio e ela me parabenizando. Dona Sara, a professora... ela era um homem, de bota e tudo, porque ela era fazendeira. Só andava de caminhonete e estava sempre de bota, de rabinho, de chapéu. Ela me entregou minha prova com o nove e meio.

T: Uau!!!

C: Por que será que as imagens, as pessoas que mais me marcaram eram homens ou tinham imagens de homens. Ela era homossexual. Naquela época não se falava disso, mas todo mundo cochichava nos corredores. Ela me entregou a prova, e depois me chamou na diretoria porque meu pai foi lá ver a prova. Ela entregou a prova para ele, na mão dele.

T: Vamos voltar à experiência difícil agora e utilizando a escala de zero a dez, onde dez é a máxima perturbação que você possa imaginar, e zero é nenhuma, quanta perturbação você sente agora quando pensa naquilo?

C: Não, nenhuma.

T: Quando você pensa nessa segunda lembrança que estamos trabalhando com o seu pai, e pensa nas palavras *eu sou alguém para alguém...* essas palavras ainda são válidas ou você gostaria de instalar outra palavra?

C: Eu tenho importância para alguém.

T: Eu tenho importância. Então pense na experiência inicial, nessas palavras, *eu tenho importância para alguém,* e numa escala de um a sete, onde sete é completamente verdadeiro e um é completamente falso, quanto você sente que essas palavras positivas são verdadeiras agora?

C: Sete

T: Então pense nessa experiência difícil, pense nas palavras, *eu tenho importância para alguém,* e siga meus movimentos.

C: Repita o que disse.

T: Pense na experiência difícil, naquela com seu pai.

C: Quando eu tirei nota dois?

T: É. E pense nas palavras, *eu tenho importância para alguém.* Junte essas duas coisas.

C: Certo.

T: E siga meus movimentos. (MBLs). Respire fundo.

C: O dois não tem mais importância agora, porque já tem gente me chamando [Risos] para eu trabalhar com alguém.

T: Então tá, quando você pensa nessa experiência difícil com seu pai, numa escala de zero a dez, onde dez é a máxima perturbação e zero nenhuma. Continua em zero?

C: Sim.

T: E quando você pensa nas palavras, *eu tenho importância para alguém,* numa escala de um a sete.

C: Sete.

T: Sete é completamente verdadeiro e um é completamente falso?

C: Continua em sete.

T: Muito bem. Agora pense nessa experiência difícil, pense nas palavras *eu tenho importância para alguém* e dê uma escaneada no seu corpo e veja se tem algum lugar em que você sente alguma perturbação.

C: Não.

T: Então, Lucy, mais uma vez, eu queria lembrá-la que o processamento pode continuar depois da nossa sessão.

Queria lhe perguntar uma coisa, só de curiosidade. Agora, quando você pensa em aprender matemática, quanto que você acha que é possível?

C: Eu sei que eu vou conseguir.

T: Se eu falar de desvio padrão, você não treme mais?

C: Não.

T: Vai dar para aprender até estatística?

C: Isso.

T: E quando você imagina indo para aula?

C: Me imagino fazendo as contas, aquelas contas enormes que ocupava duas páginas de resolução.

T: Beleza. Muito obrigada. Agradeço muito seu tempo e disponibilidade de nos ajudar. Foi muito bom trabalhar com você.

C: Obrigada.

Vários anos depois dessa sessão, escrevi para Lucy, perguntando como estava sua dificuldade com a matemática. Quando ela saiu dessa sessão, tinha falado meio sério, meio brincando que ia se inscrever numa escola especializada em matemática para poder começar a aprender nem que fosse as quatros operações, já que nem isso ela dominava. Mas veja o que me respondeu:

Esly, vou ser bem sincera com você. Quando lembrava daquele professor, tinha ódio dele; mas depois da sessão o ódio acabou. E já consigo até ensinar matemática no consultório para adolescentes...!!!! Até ajudo meu neto com o dever de casa da matemática! Valeu!

Desembaralhando

T: O que nós vamos trabalhar, então?

C: É uma ansiedade quando alguém me aborda com algum tema que eu não estou preparada ou não estava esperando o assunto. Mesmo que eu saiba do assunto, me dá aquela embaralhada geral na minha cabeça.

T: Sei.

C: Parece que todas as palavrinhas se embaralham e eu não consigo achar as respostas adequadas.

T: E você lembra quando é que você começou a sentir isso?

C: Olha, eu fiz algumas associações. Eu tive muita dificuldade de aprender tabuada; aliás, até hoje eu não sei. Preciso contar nos dedos e uso outros recursos, mas a tabuada foi sempre um drama na minha vida. Todo o primeiro grau foi bem complicada, com a tal da tabuada. Eu lembro, quando estava na segunda série que a professora tomava tabuada. Mas ela tomava de surpresa e aquilo me dava uma coisa muito ruim, porque eu nunca sabia se eu ia ser chamada ou não. Eu sabia que não tinha conseguido fixar aquele conteúdo. Então para mim era a coisa da decoreba, sem compreender o que acontecia comigo. Quando criança, parece que os números da tabuada se misturavam. Ficava aquele monte de número bailando na minha cabeça e eu não conseguia responder. A segunda e a terceira série foi um período bem complicado para mim com relação a matemática. Não tinha problemas com o resto, mas com a matemática...!

Eu lembro de uma situação quando estava nessa fase que ela me chamou para ir ao quadro resolver uma conta. Era uma conta simples. Se fosse com calma, eu acho até que eu resolveria, mas o fato dela me chamar para ir no quadro fazia com que aqueles números todos se embaralhassem. Eu já não sabia mais se a conta era de somar, ou diminuir, ou de multiplicar. Eu não via mais nada. Uma vez, eu fui para o quadro e eu fiquei ali, sem saber o que fazer. Coloquei qualquer número, porque eu não consegui raciocinar. Na verdade, eu acho que é essa a questão. As pessoas que me pegam de surpresa... eu não consigo raciocinar. Parece que eu fico sem cabeça, vem aqui para a barriga. Eu não consegui fazer aquela conta. Não fiz certo e a professora me pegou pelo rabinho do cabelo e me meteu no chão. Fiquei com a sensação de mau estar diante dos amigos, dos colegas. Aquilo foi complicado até porque já tinha acontecido outras vezes, de ela tomar a tabuada na surpresa, e eu já não tinha dado conta da tal da tabuada.

T: Então, nós temos um incidente claro. Você devia ter mais ou menos quantos anos nesse dia que a professora lhe pegou pelo cabelo?

C: Acredito que uns 8 anos. Era a segunda série.

T: E quando você pensa nessa imagem, que palavras negativas expressam o que você pensa a seu respeito agora?

C: Ah, eu acho que é vergonha e confusão. Eu fiquei muito confusa na hora.

T: E o quê você diria de uma pessoa que tem vergonha? Que é vergonhosa, que tem confusão?

C: Ah, eu acho que é complicado, muito complicado.

T: Uma pessoa complicada?

C: São situações complicadas.

T: Mas o que você pensa de você? Você está lá diante do quadro, está com vergonha, está com tudo isso que você está sentindo.

C: Acho que é medo.

T: Medo.

C: Medo de não dar conta.

T: Mas o que será que você pensa? Você está descrevendo o que você sente. O que você pensa a seu respeito que seja negativo? *Eu sou burra? Eu sou incapaz? Eu não dou conta?*

C: Acho que incapaz. *Eu sou incapaz.*

T: E se eu tivesse uma varinha mágica aqui e eu pudesse resolver tudo isso, o quê você gostaria de pensar a seu respeito que fosse positivo em relação a isso?

C: Ah, pensar uma coisa positiva em relação a isso?

T: Sim, a seu respeito.

C: Eu queria me sentir com a clareza de dizer, *isso eu sei, isso eu não sei.* Hoje nesse momento do inesperado – porque isso tudo acontece muito mais no inesperado, mais na surpresa. Eu sei que sei, mas não consigo organizar as ideias. Eu sei que eu sei aquilo, mas as palavras se misturam, minhas ideias se embaralham.

T: Como é que poderia ficar? *Posso pensar com clareza? Eu sou capaz? Eu dou conta?*

C: Acho que hoje meu maior desejo é: *posso pensar com clareza.*

T: Muito bem. E quando você pensa naquela imagem que você me descreveu, o quanto você sente que são verdadeiras essas palavras positivas, *posso pensar com clareza*, numa escala de um a sete, onde um você sente como completamente falso e sete como completamente verdadeiro?

C: Para aquele período lá?

T: Para aquela situação.

C: Ah, eu acho que naquele dia, 'tava no zero.

T: O número mais baixo aqui é o um.

C: No negativo, extremamente negativo.

T: Completamente falso. *Não sou capaz, não consigo pensar com clareza.* Você falou que quando você pensa nessa imagem, você tem muita vergonha e confusão. Você falou do medo. Quais as emoções que você sente quando você pensa naquilo? É isso mesmo? vergonha, confusão, medo?

C: Sim.

T: E numa escala de zero a dez, onde dez é a máxima perturbação que você pode imaginar e zero é nenhuma perturbação, quanta perturbação você sente agora, quando você pensa naquilo?

C: Penso naquela imagem?

T: Sim.

C: Hoje não me incomoda tanto aquela imagem da professora me puxando, me suspendendo no ar pelos cabelos. Não me incomoda tanto. Diria um quatro, mas a confusão para mim é muito forte ainda hoje.

T: Quanto seria a confusão?

C: Ah, a confusão tá lá no oito ou nove.

T: E aonde no seu corpo que você sente essas coisas?

C: A confusão? na cabeça.

T: E nesse evento que nós estamos trabalhando?

C: Ah, no peito.

T: Então quero que você pense nessa imagem difícil que você acabou de me descrever com a professora, veja você lá no quadro, pense nas palavras negativas, *eu sou incapaz*, sinta isso no seu corpo e siga os meus movimentos. (MBLs). O que foi? [Terapeuta percebeu que aconteceu algo com a cliente.]

C: Uma dor no peito.

T: Podemos continuar?

C: [Balança a cabeça afirmativamente.]

T: Pense nisso. Lembra que você sempre pode me pedir para parar. (MBLs).

C: A questão foi, *porque aquilo só aconteceu comigo*? Eu me sentia muito diferente de todo mundo. Achei que aquilo só acontecia comigo.

T: Vamos continuar? (MBLs). Respire fundo; solte. E agora?

C: Acho que está mais leve no corpo.

T: Vamos continuar?

C: Sim.

T: (MBLs). Respire fundo. Como é que está agora?

C: Estou me sentindo mais integrada com o corpo físico.

T: Então, quando você pensa nessa experiência difícil com a qual nós começamos, numa escala de zero a dez, onde dez é a máxima perturbação que possa imaginar, e zero é nenhuma, quanta perturbação você sente agora?

C: Acho que cinco.

T: O quê é esse cinco?

C: Esse cinco... eu acho que ainda existe uma coisa. Eu mesma preciso ter a certeza de que está mais fácil para mim.

T: Pense nisso. (MBLs). Respire fundo, e agora?

C: Acho que baixou para o três.

T: E o quê é esse três?

C: Ainda existe um medo de não conseguir organizar os pensamentos. Eu tenho essa preocupação de não dar conta.

T: Então concentra-se nisso e vamos com isso?

C: Sim. (MBLs).

T: E agora?

C: Tá no dois.

T: O que é o dois?

C: Ainda tem a preocupação de as coisas ... será que ainda vai está embaralhado depois? Mas eu já consigo pensar com mais clareza.

T: Vamos continuar? (MBLs).

T: Respire fundo, e agora?

C: Acho que tá no um.

T: E o quê é esse um?

C: Acho que é a preocupação de não lembrar de algumas coisas, mas parece que a organização está melhorzinho.

T: (MBLs). Respire fundo. E agora?

C: Acho que estou no zero.

T: Você acha?

C: Acho, sim.

T: Que bom! Volta para aquela imagem original. Mudou alguma coisa?

C: Mudou.

T: O quê mudou?

C: Parece que se abriu. Fechou a cortina diante daquilo. Eu sei que está ali, mas já tem mais vultos atrás dessa cortina. Algo que não é tão claro assim, tão visível, identificado.

T: (MBLs). Respire fundo. Vamos ver agora?

C: Limpou.

T: Limpou?

C: Sim.

T: E quando você pensa nesse evento agora de zero a dez, onde dez é a máxima perturbação e zero nenhuma?

C: Aquele evento não me incomoda.

T: Então agora quando você pensa nessa lembrança difícil, nessa que a gente usou agora no começo, e você pensa nas palavras, *eu posso pensar com clareza*, numa escala de um a sete, onde sete é completamente verdadeiro e um, completamente falso, quão verdadeiro você sente que são essas palavras agora?

C: Nesse momento?

T: Nesse momento.

C: Eu sinto sete.

T: Agora eu quero que você pense naquele incidente com a professora, pense nas palavras positivas, *eu posso pensar com clareza*. E siga meus movimentos. (MBLs).

T: Respire. E agora?

C: [Balança a cabeça afirmativamente.]

T: O que significa isso?

C: Eu posso pensar com clareza.

T: Que bom! Sete poderoso?

C: É.

T: Então, mais uma vez. Volte aquele evento, pense nas palavras, *eu posso pensar com clareza*. Tudo bem?

C: Tudo.

T: Sete poderoso?

C: Sete poderoso.

T: Então, agora, quero que você pense por alguns momentos. Feche os olhos por um instantinho, concentre-se naquele incidente inicial com o qual começamos a trabalhar, pense nas palavras positivas *eu posso pensar com clareza*, e mentalmente examine todo o seu corpo, da cabeça aos pés, e me diz se tem alguma perturbação.

C: Não.

T: Beleza. Eu queria te explicar o seguinte: o processamento que nós fizemos hoje pode continuar mesmo depois da sessão, pode ser que durante o resto do dia ou durante a semana, você tenha novos "insights", pensamentos, lembranças e sonhos. Se isso acontecer apenas preste atenção no que está experimentando, no que você vê, sente, pensa e atente para os disparadores. Faça um registro, um diário, num caderno, dessas coisas que vão surgindo durante a semana e traz para a próxima sessão. Se for o caso, a gente trabalha com elas também. Não esqueça que você pode usar seu lugar tranquilo, que a gente instalou antes, para se livrar de alguma perturbação, se surgir. Qualquer coisa, você liga para mim, combinado?

C: Combinado.

T: Só de curiosidade, agora, sim, quando você pensa, em

fazer alguma coisa dessas coisas que você precisava e ficava com a cabeça embaralhada... Como é que está isso agora?

C: Não me perturba mais essa questão do embaralhar. Engraçado, que agora não me perturba mais. Antes eu já ficava nervosa, mas eu acho que eu só vou ter certeza mesmo na hora em que eu vivenciar isso, e saber que isso acabou. Mas me sinto insegura.

T: Como é que está essa insegurança? Você quer me dá só mais um instantinho?

C: Sim, claro.

T: OK. (MBLs). Respire fundo. E agora? Que foi? [A cliente teve uma reação.]

C: [Risos] Estou mais tranquila. Acho que está só um pontinho.

T: Um pontinho?

C: É um pontinho.

T: De zero a dez, quanto é que está agora, dez é o máximo e zero é nada?

C: Da insegurança?

T: Da insegurança no presente, agora? Dez é o máximo e zero é nada.

C: Acho que está no zero.

T: Está no zero?

C: Sim, no zero.

T: E quando você se projeta no futuro, e pensa em alguma situação dessas que as vezes acontecia com você, e que você ficava embaralhada?

C: O que eu quero para o futuro é ter clareza.

T: Agora quando você se imagina nesse futuro, você se vê com clareza ou não?

C: Me vejo, sim.

T: Como é que você se vê?

C: A clareza de saber que tem coisas que me lembro e coisas que não lembro. Essa clareza de saber que se eu não lembro, não é porque embaralhou tudo, ou que todas as palavras se embaralharam. É porque aquela era uma lembrança muito antiga que já desbotou. [Risos].

T: Ótimo!

C: Desbotou. Ah, e não é que elas estão embaralhadas. As coisas que eu lembro vêm de forma clara, num texto claro; lembro compreendendo e repassando isso. É isso; esse é o futuro.

T: Esse é o futuro. Esse é o futuro que lhe espera! [Risos]. Quero lhe agradecer muito. Foi um privilegio trabalhar com você. Foi muito bonito seu trabalho. Acho que nos ajuda muito a entender como funciona a terapia EMDR. Lembre que essas coisas podem continuar sendo reprocessadas durante a semana. Qualquer coisa, você me liga.

Comentários:

Uma das coisas interessantes nessa sessão foi que pudemos propor para a cliente que se visse no futuro. O protocolo de três etapas identifica o trabalho de reprocessamento que precisa ser feito em relação às lembranças do passado, os disparadores no presente, e uma vez resolvido o alvo proposto, uma projeção positiva para o futuro. Aqui como o reprocessamento foi relativamente rápido, pôde-se fazer a projeção para o futuro: onde a cliente teve a oportunidade de "se enxergar" alcançando o futuro desejado. O que queremos é que a pessoa seja capaz de se ver fazendo aquilo que antes estava fora do seu alcance, de uma forma adequada e funcional.

Meu Primeiro Beijo

A iniciação à vida romântica nem sempre começa de pé direito na vida de todo mundo. Clarinha nos compartilha aqui as dificuldades que enfrentou. É interessante notar que às vezes as reações dos pais são mais marcantes do que as próprias experiências difíceis.

Uma das coisas bonitas da terapia EMDR é a forma com protege o cliente. Há situações em que as pessoas tem vergonha ou dificuldade de contar os mínimos detalhes do que aconteceu. Com este tipo de terapia não é preciso falar tudo que está passando pela cabeça. O importante é que o cliente esteja pensando "naquilo" durante os movimentos bilaterais, já que é como o cérebro pode localizar o arquivo cerebral para a subsequente dessensibilização e reprocessamento.

Também vemos no caso da Clarinha como algo que lhe vem limitando tanto desde sua adolescência se resolveu em menos de uma hora. Foi uma sessão muito comovente, delicada e sagrada.

T: Então tá, Clarinha, vamos lá! O quê você vai trabalhar hoje?

C: Vou direto para a cena. Eu terminei o último namoro no final de 2007, e nada mais acontece. Tudo é bem conturbado. Então, a cena que eu quero trabalhar é a cena do meu primeiro beijo. Eu tinha em torno de onze ou doze anos. Foi assim:

Eu era ainda bem moleca. Eu brincava na rua, e era do tipo bem infantil ainda. Estava começando a despertar a questão do interesse por meninos. Estava tudo bem no início. Eu gostava de brincar, mas a minha turminha, as minhas amigas, a maioria já tinha ficado, beijado, coisas assim. Estava super tranquila com o meu estado. Eu recém estava começando a ter algum tipo de atração por um conhecido meu lá da minha cidade. E tinha uma amiga que talvez tivesse algum problema com o fato de eu não ter ainda tido essa experiência. Num momento de confidenciar aqueles primeiros sentimentos muitos novos, ela usou dessa informação para falar para esse menino. Aí ela me disse para eu estar em tal lugar, em certo momento para encontrá-la, para a gente fazer algum programa que tinha a ver com um esporte que eu gostava bastante na época. Mas ao invés de encontra-la quando cheguei nesse lugar, estava o menino me esperando. Eu não tive recursos para fazer qualquer coisa. Ele chegou já me abraçando e começou a me beijar. Eu fiquei congelada. Eu não estava esperando aquilo. Fiquei completamente congelada, e permaneci congelada o tempo todo. Não consegui ter reação alguma de dar limites. Essa cena por si só já foi horrível. Fiquei ali até o momento em que ele disse, *tá, agora eu vou para a casa. A gente se vê.* Para ele estava tudo ótimo. Nem tinha percebido que eu estava horrorizada. Eu só queria voltar para a minha casa. Eu lembro que estava chovendo, e eu estava com o guarda chuva todo o tempo.

Se eu tivesse meios de me matar naquela hora eu teria feito isso, de tão mal que eu estava me sentindo. Me segurei muito para não sair gritando pela rua. Enfim, cheguei em casa. Acho que fiquei umas duas horas tomando banho. Só passava na minha cabeça: *é o fim, é o fim.* O dia acabou assim. Uma parte minha tinha morrido, sabe? Era aquele choro incontrolável.

Eu calculei mais ou menos o tempo, pensando que a minha mãe e o meu pai iam chegar em casa do trabalho. Não queria que me vissem assim. Me tranquei no meu quarto. Só que chorava muito e incontrolavelmente. Acabou que meus pais ouviram. Ficaram preocupadíssimos e eu estava muito envergonhada. Não queria abrir a porta. Não queria que me vissem daquele jeito. Eu estava com o rosto muito inchado. Minha mãe insistiu tanto que teve um momento que eu tive que abrir a porta. Ela me viu com a cara daquele tamanho e eu não conseguia me controlar. Quando eu a vi eu fiquei mais desesperada ainda. Levou um tempão até que eu conseguisse contar para ela; só que pelo estado que eu estava, ela não acreditou que tivesse sido só isso. Ela ficou muito, muito preocupada. Perdeu completamente a racionalidade. Ela me levou para o quarto dela.

Essa cena toda vem com todos os detalhes. Ela pediu para o meu pai sair. Eu já 'tava de pijama. Ela tirou a minha calça do pijama, a minha calcinha, afastou as minhas pernas e começou a olhar para ver se eu tinha sido estuprada. Claro que eu não 'tava. Mas se tinha alguma parte minha que não estava congelada até aquele momento, terminou de congelar.

T: Ai, que difícil! Com qual das duas cenas você quer começar?

C: Eu não sei. Eu já trabalhei essa história de várias maneiras. Parece que nesse momento a parte do menino é pior. As que são piores é a parte da amiga, que foi uma informação que eu tive só depois. Até então eu me culpava muito. Também a parte da minha mãe... acho que a parte da mãe.

T: Vamos começar com a da mãe ou a do menino? Você coloca que você ficou congelada com o menino e o que faltou congelar, congelou com a sua mãe.

C: Sim. Em termos de pior é a mãe.

T: Tá bem. Então, quando você pensa nessa imagem, da sua mãe no quarto lhe examinando, seria isso?

C: Sim

T: Quando você pensa nisso, o que você pensa a seu respeito que seja negativo, falso e irracional?

C: Não sei muito bem colocar isso em palavras, mas é alguma coisa tipo, *estraguei tudo, fiz alguma coisa muito errada.*

T: Estraguei minha vida. Minha vida está estragada?

C: Arruinada.

T: Está arruinada para sempre?

C: Eu não tenho valor.

T: Eu não tenho valor.

C: A partir desse momento eu não tenho mais valor.

T: Ok. Seria isso: *eu não tenho valor*?

C: [Balança a cabeça em sinal positivo]. Tem como deixar, *minha vida está arruinada*, porque eu acho que é isso que eu sou.

T: Você escolhe.

C: É isso, então.

T: OK. *A minha vida está arruinada.* Se eu tivesse uma varinha mágica que pudesse lhe ajudar a transformar isso em algo positivo, o que você gostaria de pensar a seu respeito que fosse positivo?

C: Alguma coisa no sentido de que, *eu ainda posso ter um bom relacionamento.*

T: Ok. *Eu posso ter um bom relacionamento.* E quando você pensa nessa lembrança difícil, numa escala de um a sete, sete é completamente verdadeiro e um é completamente falso, quão verdadeiro você sente que são essas palavras positivas, *eu posso ter um bom relacionamento,* agora?

C: Dois.

T: E quando você pensa nessa experiência difícil e pensa nas palavras negativas, *a minha vida está arruinada,* quais as emoções que surgem para você?

C: Tristeza, raiva, porque eu lembro da amiga Nojo, nojo, muito nojo de mim, nojo do guri. Raiva da minha mãe, por ela não ter tido mais habilidade de lidar com a filha.

T: Ok. E quando você pensa nessa experiência difícil, quanta perturbação você sente agora, numa escala de zero a dez, onde dez é a máxima perturbação que você pode imaginar na vida e zero é nenhuma perturbação?

C: Já foi dez. Pensando aqui, acho que é nove.

T: E onde você sente essa perturbação no seu corpo?

C: Um sufocamento nas vias Respiretórias, no peito, bem apertado. Isso vem e vai, como uma sensação de enjoo no estômago. Em várias situações eu já tive muito medo de vomitar.

T: Então tá, Clarinha. Nós vamos fazer o seguinte. Eu vou pedir para você manter na sua mente alguns dos pensamentos perturbadores e você acompanha os movimentos bilaterais (visuais) em silêncio. Eu vou fazer isso por um tempo, e depois, eu vou parar. Você apenas me diz o que está experimentando; o que está surgindo para você. Às vezes, as coisas vão mudar e às vezes, não. Não existe um "jeito certo" de fazer tudo isso. Simplesmente responda da melhor maneira que você puder sobre o que estiver acontecendo sem julgar se isso deveria estar acontecendo ou não. Deixa acontecer o que tiver que acontecer. Eu vou fazer alguns movimentos e depois a gente vai falando sobre o que está acontecendo. Tudo bem?

C: (Balança a cabeça em sinal de positivo).

T: Alguma dúvida?

C: Não.

T: Então, volte a pensar naquela imagem, dessa experiência difícil lá com a sua mãe. Pense nas palavras negativas, *a minha vida está arruinada*, veja onde você sente isso no seu corpo e siga os meus movimentos. (MBLs). Respire, solta. E agora?

C: Veio... [a cliente chora.]

T: Podemos continuar? Lembra que você pode me pedir para parar a qualquer momento. Tá legal?

C: Sim.

T: Lembra que são coisas velhas. Você vai olhando, vai vendo e vai soltando. (MBLs). Isso. (MBLs). Respire fundo. Solta.

C: Veio a cena do meu nascimento e aspectos muito bons assim de maternidade da minha mãe... mas é esquisito...

T: Podemos continuar?

C: [Balança a cabeça em sinal afirmativo.]

T: (MBLs). Respire fundo.

C: Eu fiquei olhando para a cena e dessa vez não me deu choro, nem desespero.

T: E agora quando você olha para essa cena, numa escala de zero a dez, onde dez é a máxima perturbação e zero é nenhuma, quanto lhe incomoda agora?

C: Seis

T: O que é esse seis?

C: Acho que é aceitar que assim foi.

T: OK. Pensa nisso. (MBLs).

C: Inicialmente, ainda veio uma tristeza, mas foi começando a aparecer um preenchimento. Um calorzinho.

T: Vamos continuar? Vamos com isso. (MBLs).

C: Começaram a vir sentimentos muito bons comigo mesmo, só que imediatamente veio um medo muito grande de mostrar isso.

T: Vamos com isso. (MBLs).

C: Só vai aumentando. Tem momentos que vem uma frase assim: *você não precisa mais segurar tanta coisa boa que tu tem contigo mesma, que tu não precisa ser tão ruim contigo.* Não preciso mais ficar com medo.

T: Isso. (MBLs).

C: Ai, ai, de novo veio a cena do meu nascimento, da minha chegada e é muito amor! Parece que eu consigo ver o amor transbordando.

T: Ah, que lindo!

C: Eu me emociono.

T: Ah, que bom! Que bom! Clarinha, volte a pensar naquela cena inicial que estamos trabalhando. Numa escala de zero a dez, onde dez é a máxima perturbação e zero nenhuma, como tá de perturbação?

C: Zero.

T: Mudou alguma coisa?

C: Parece que a minha posição com relação a isso agora é de olhar. Eu lembro de tudo aquilo. É: foi assim.

T: É, foi assim.

C: Mas, não me impede de nada, de ser quem eu sou e de todas as minhas possibilidades de vida.

T: É verdade. Bem, quando você pensa nessa lembrança difícil e você pensa nas palavras, *eu posso ter um bom relacionamento*, são essas as palavras que você quer reforçar ou apareceram outras palavras que você prefere?

C: É, ficou uma coisa mais geral, não só de relacionamento amoroso, mas algo que é bem simples. Ao mesmo tempo é mais significativo: *eu posso mostrar o meu amor.*

T: Que bonito! E agora, pensando naquela cena inicial, com sua mãe, e pensando nas palavras, *eu posso mostrar o meu amor*, numa escala de um a sete, onde sete é completamente verdadeiro e um é completamente falso, quão verdadeiro você sente que são essas palavras positivas agora?

C: Cinco.

T: Então, traga à sua mente aquela experiência difícil, pense nas palavras, *eu posso mostrar o meu amor*, e siga os meus movimentos. (MBLs). Respire fundo.

C: É. O que ainda parecia tão ruim não tinha a ver com relação a minha mãe, mas, sim, o meu amor comigo mesma. Foi sempre a não expressão desse amor comigo que me impedia de me posicionar e de dar os limites saudáveis: na amizade onde estava me abusando; com o menino que ainda não 'tava no meu tempo para fazer aquilo, ou com a minha mãe, para poder lhe dizer, *ah, não precisa isso tudo*. Não é uma questão de falta de força, mas, sim, a não expressão desse amor por mim mesma. Ai vem de novo a cena lá do meu nascimento.

T: E agora quando você pensa naquela experiência difícil, e pensa nas palavras, *eu posso mostrar o meu amor*, numa escala de um a sete, onde sete é completamente verdadeiro e um completamente falso, quão verdadeiro você sente que são essas palavras agora em relação aquilo?

C: Dessa parte que ficou, ainda eu acho que é seis.

T: OK.

C: Ainda aparece uma insegurança.

T: Vamos com isso. (MBLs). Respire.

C: Veio, enfim, veio uma mistura de imagens de um monte de coisas da minha infância: eu criança, toda serelepe... E aí surgiu essa frase: eu mereço esse amor.

T: Vamos com isso. (MBLs).

C: [Se emociona.] Ela não se cuidou. A menina não se cuidou. É muito frequente eu ter esse tipo de emoção, numa situação empática com outra pessoa. Agora eu tô tendo isso comigo.

T: Que bom! Então...?

C: Sete [Risos].

T: Sete?

C: Sete! Sete!

T: Vamos dar mais uma voltinha para sair daqui com um sete poderoso?

C: Vamos! Eu preciso.

T: Então vamos. (MBLs).

C: Parece que agora me deu a sensação de que eu tenho a devida contenção para todo esse amor. Eu acho que tinha um medo de que fosse demais; que eu ia me perder no meio disso.

T: (MBLs). [Cliente respire fundo].

C: Tô em paz!

T: Beleza. Feche os olhos só um instantinho. Concentre-se

nessa experiência difícil que nós acabamos de trabalhar e pense nas palavras positivas, *eu posso mostrar o meu amor*. Lentamente examine todo o seu corpo e me diga se você sente alguma perturbação.

C: Não. Está tudo em paz. Parece que tem espaço para tudo agora aqui dentro. Está tudo bem organizado... uma sensação bem boa. Tem espaço para as outras pessoas, também, aqui agora.

T: Que bom! Clarinha, o reprocessamento que nós fizemos hoje pode continuar depois da sessão, como você já sabe. Qualquer coisa que você precisar é só entrar em contato comigo.

C: Sim. Obrigada!

T: Que presentão que você está levando.

C: Super. Obrigada.

T: Que bom! Você está linda. Obrigada pela confiança. Trabalhar um tema tão difícil e delicado aqui com a gente. Tudo de bom.

C: Obrigada. [Risos].

Encerramos a sessão, e como se tratava de uma demonstração ao vivo, diante dos colegas, passamos ao reprocessamento metodológico e os comentários. Uma meia hora depois, vendo o rosto desanuviado da Clarinha, eu lhe perguntei:

T: Como é que está se sentindo agora?

C: É difícil. Acho que agora teria de trabalhar a outra cena, né, a do menino.

T: Agora quando você pensa naquela cena, mudou alguma coisa?

C: Sim, mudou. Dá uma vontade de utilizar os meus recursos de agora com ele! [Risos].

T: Feche os olhos um instantinho. Termine aquela cena como você gostaria que terminasse.

C: Era desse menino que eu estava começando a me interessar, mas eu não estava pronta.

T: Deixa essa menina falar. [Uns minutos de silêncio enquanto a cliente vai pensando na cena com o menino que a beijou.]

C: É, foi bem tranquilo, talvez, eu ainda fique com ele numa próxima! [Risos].

T: Agora vai! [Risos].

C: É, vai, sim, mas quando *eu quiser*, quando eu estiver pronta.

T: Quando eu estiver pronta, exato.

C: E agora eu 'tô indo na casa da amiga.

T: Exato, vamos dar uma bronca nela agora! [Risos].

C: [Risos] Eu disse para ela que não tinha problema a gente ser diferente, mas que cada uma tem seu tempo. Disse [na minha imaginação] que eu aceitava as experiências dela, que ela já tinha tido, e que eu até poderia aprender com elas, mas que para mim ainda não era a hora. Eu ainda gostava de brincar.

T: *Ainda gosto de boneca!* [Risos].

C: Isso! Agora eu vou para a minha casa sorrindo. Ah, que bom!

T: Você vê que o reprocessamento é espontâneo. Eu queria ter lhe proposto tudo isso enquanto a gente ainda estava trabalhando anteriormente, mas estava um pouco preocupada com o tempo. Veja como a gente puxa a outra cena, e lá já mudou também. E você pôde dar o fim para a história com o menino do jeito que você queria. Assim deu para terminar.

C: É verdade.

Sempre alertamos para o nosso clientes que o reprocessamento continua depois da sessão. Foi muito interessante ver como as expressões físicas da Clarinha foram mudando enquanto o grupo comentava o que tinha acontecido nessa sessão. Vendo a postura dela, e os comentários espontâneos que ela fez no compartilhamento é que eu pedi para ela fazer este arremate final.

Também é importante lembrar que uma das coisas que complicam a questão do trauma é justamente o "passo inacabado". Devido a minha formação anterior em psicodrama é muito comum no meu trabalho atual com terapia EMDR propor o que eu chamaria de "Psicodrama Interno" com reprocessamento bilateral. Aproveito para implementar entrelaçamentos cognitivos – propostas que não surgiram espontaneamente a partir dos pensamentos do cliente – na tentativa de fechar o passo inacabado. Este caso ilustra o uso dessa técnica: pedindo para a cliente refazer a cena, mas com um final desejado. É uma forma não só de terminar, mas de terminar bem. Como o cérebro não diferencia, de certa forma, o que pensou do que realmente aconteceu, a pessoa acaba fixando o final feliz como a resolução da experiência difícil.

Medo de Galinha

T: Então, Maria Eugênia, me conta um pouquinho sobre o que você quer trabalhar hoje.

C: O que eu quero trabalhar hoje é interessante. Essa noite passada, depois que eu falei com você, eu sonhei um monte de coisa legal. Porque eu não tenho uma família que me ofereceu os lugares que eu queria ir. Houve uma época em que o meu pai simplesmente sumiu. Isso me veio essa noite.

Lembra que eu falei com você que eu queria trabalhar o meu medo de galinha? É porque eu me envergonho de ter medo de galinha. Até os meus sobrinhos pequenos dão risada e falam: *Tia, por que você tá com medo de galinha?* É que bem nessa época [em que meu pai sumiu], eu fui pegar uma galinha e ela ficou pendurada aqui no meu peito. Eu fiquei tão paralisada de medo que eu não conseguia tirar a galinha; simplesmente paralisei. E essa noite eu tive pesadelos relacionado com essa época. Meu pai sumiu, minha mãe é depressiva desde que eu me conheço por gente e, então, ficou faltando esse lugar seguro. Eu fui morar na casa da minha avó materna que era horrível. Do meu avô, eu tenho uma imagem dele vindo com uma sacola e nessa sacola tinha leite ninho, tinha comida. Então, quando qualquer coisa fica difícil eu me refugio na comida. Isso tem sido um problema, porque eu tô com colesterol alto. Não consigo me controlar. Na minha ansiedade eu busco um lugar seguro na comida, buscando esse amor na comida.

T: Você tinha falado da gente trabalhar o medo da galinha. Vamos trabalhar isso?

C: A galinha está ligada com isso porque é tudo da mesma uma época.

T: Tá certo.

C: Sabe, ele sumiu, minha mãe 'tava doente e eu fui mexer com essa galinha e a galinha me pendurou, mas acho que a minha paralisia diante mesmo daquela situação é por isso... não tem ninguém! O que está acontecendo?

T: As duas coisas se juntaram...

C: Parece que ficou tudo junto com a galinha. Não sei explicar.

T: Você já sabe sobre o sinal de pare. Você sabe que pode parar a qualquer momento. Você escolheu o trem como a sua metáfora. A gente já provou os movimentos e você já tem o lugar seguro. Dessa experiência difícil que você me explicou... você comentou esse momento da galinha pendurada, e você sem poder fazer nada. Essa é a pior imagem? a parte mais difícil dessa experiência, ou teria outro momento do medo da galinha que seria pior?

C: A parte mais difícil é me sentir paralisada diante das coisas e buscar na comida a saída. Eu sempre faço isso.

T: Eu queria uma foto. A gente pode usar a foto da galinha?

C: Talvez a foto do meu avô com a sacola. É mais forte que a galinha.

T: Se a gente trabalhar a foto do seu avô com a sacola é possível que a gente não cure o medo da galinha.

C: Eu prefiro lidar com a comida. A galinha eu posso ficar sem morder [Risos]. A galinha deixa para depois.

T: Então, me descreve um pouco essa imagem como se fosse uma foto.

[Veja a importância de acertar claramente o que se vai trabalhar. O cliente sempre tem razão! Pode até mudar de ideia no decorrer da sessão.]

C: É uma rua. É onde eu morei em São Paulo, uma rua que não tem saída.

T: Sei...

C: Uma ruazinha estreita e eu vejo o meu avô vindo de longe com uma sacola azul na mão. E eu sei que tem comida lá dentro, e eu vou correndo para encontrar com ele. Essa é a imagem visual mais forte.

T: Quando você pensa nessa imagem, nessa experiência difícil, o que é que você pensa a respeito de si mesmo agora que seja negativo?

C: É essa minha coisa, assim, faz muitos anos que eu trabalho em terapia e tudo, de não consegui dominar a coisa com comida e eu me sinto impotente diante da minha ansiedade que faz comer tudo.

T: Então, a gente podia dizer eu sou impotente? São palavras que descreveriam como você se sente?

C: Parece que vem o caos, né... a ansiedade suga muito. É uma época de caos como aquela: vai faltar comida, vai faltar gente, vai faltar tudo e...

T: E eu sou impotente.

C: E eu sou impotente.

T: Tá, quando você pensa nessa imagem, nessa experiência difícil, o que você gostaria de pensar sobre si mesma agora, ao invés de pensar, *eu sou impotente*?

C: Que eu tenho domínio sobre o meu ato, sobre a minha ansiedade. Acho que nem é sobre meu ato; é sobre lidar com a ansiedade com menos impotência.

T: Vamos ver se a gente pode colocar isso em termos um pouco mais ampliados para o nosso trabalho. O que você acha assim: *tenho domínio próprio? Tenho controle?*

C: Tenho controle; a palavra é controle.

T: Quando você pensa nessa imagem que você me descreveu do seu avô com a sacola, quão verdadeiro você sente que são essas palavras, *eu tenho o controle*, numa escala de um a sete, onde sete é completamente verdadeiro e um é completamente falso?

C: Cinco.

T: Quando você pensa nessa experiência difícil e nessas palavras negativas, *eu sou impotente*, que emoções você sente agora, quando você pensa nisso?

C: Uma certa prostração, como se essa impotência estivesse no meu corpo. Até o corpo fica pesado, parece paralisado. Impotente.

T: Impotência. Numa escala de zero a dez, onde zero significa nenhuma perturbação e dez é a perturbação mais alta que você pode imaginar, quanta perturbação você sente agora quando você pensa naquilo hoje?

C: Ah, eu tenho sete.

T: E onde você sente essa perturbação no seu corpo?

C: Especialmente nas pernas. Como se as minhas pernas não tivessem força.

T: Como se estivessem paralisadas?

C: Paralisadas.

T: Então, tá. Volte a pensar nessa experiência difícil que você me descreveu e pense nessas palavras negativas, *eu sou impotente*. Você sabe que você sempre pode pedir para parar. Eu vou fazer uns poucos movimentos, a gente para e você comenta o que surgiu para você entre cada série de movimentos. Tá bom?

C: Tudo bem.

T: Então volte a pensar nessa experiência difícil e pense nessas palavras negativas, eu sou impotente, localize isso no seu corpo e siga os meus movimentos. (MBLs – neste caso a paciente pediu movimentos táteis). Respire fundo; solte. O quê surgiu?

C: Olha não veio nenhuma imagem. A única sensação é que a perna ficou um pouco menos tensa.

T: Podemos continuar?

C: Podemos.

T: Vamos com isso.

C: Se eu tiver alguma imagem é para falar com você?

T: Sim. (MBLs). Respire. O que apareceu?

C: Eu tenho uma imagem da minha perna muito grande assim e congelada, como se fossem dois blocos de gelo.

T: Vamos com isso. (MBLs). Respire. E agora, o que aparece?

C: Não aparece nada; só um certo alívio. Não veio nenhuma imagem.

T: Podemos continuar?

C: Podemos.

T: OK. (MBLs). Respire fundo. E agora?

C: Não sei, parece um pensamento assim: eu não preciso ficar congelada para o resto da vida.

T: Concentre-se nisso. (MBLs).

C: Me aparece uma imagem que se a galinha tivesse nesse momento eu ia dá um tapa nela, ia arrancá-la. Nossa, mas é muito louco! É uma fúria! Eu queria pegar essa galinha... uma coisa meio furiosa assim de voar para cima dela.

T: Sei..

C: Como se eu tivesse que pegar ela pelo pescoço e apertar o pescoço dela.

T: Entendi..

C: E depois que eu tivesse apertado o pescoço, eu podia jogá-la para um lado e dizer: eu não tenho mais medo de você!

T: Sei.

C: Eu vou falar as coisas que vêm. São bem desconexas. Me vejo criança, correndo, brincando e falando, *eu não vou ficar preocupada com galinha.*

T: Muito bem.

C: E, de repente eu fico grande e a galinha pequena.

T: Uau!

C: É só uma galinha.

T: Isso. (MBLs). Respire fundo. E agora?

C: Não sei, estou tranquila.

T: Voltando àquela experiência difícil, aquela que você me descreveu, e numa escala de zero a dez, onde dez é a máxima perturbação que você pode imaginar e zero é nenhuma perturbação, quanta perturbação você sente agora quando você pensa naquilo?

C: Cinco.

T: Qual é o aspecto que lhe incomoda?

C: Minha avó. Apareceu no meu vídeo [interno] uma imagem da minha avó.

T: Vamos com isso. (MBLs).

C: Minha avó era muito ruim. Ela ficava falando: *não vai ter comida, não vai ter dinheiro, seu pai é um irresponsável.* E a sensação de não ter me dava muito medo.

T: Sei.

C: Ela falava muito mal do meu pai e eu não gostava de ouvir isso. Ela escondia comida e para provocar, eu pegava escondido. Aí, quando ela descobria, ela vinha para cima de mim. [Risos] Me veio uma coisa assim: até quando eu vou comer para provocar a minha avó?

123

T: Isso aí. Até quando?

C: Até quando parar de ser boba. Para mostrar para ela que eu posso comer e ela já até morreu e eu continuo comendo. Outra coisa que me incomoda nela é ela ficar botando o meu avô como salvador, como se a gente fosse morrer de fome e precisasse trazer comida. Isso me dá raiva, porque eu acho não tinha ninguém morrendo de fome ali. Era mais a sensação que ia faltar, porque realmente eu nunca passei fome, mas era aquela falação.

T: Vamos com isso. (MBLs).

C: Vem assim: eu me sinto impotente diante da falação dela. E eu como para mostrar que eu sou potente.

T: Como é que é? (para enfatizar o que a paciente acaba de perceber).

C: Eu como, não para mostrar para ela, porque eu comia escondido. Me lembro que tinha um fogão... eu tô vendo o fogão. Ela escondia os bolinhos. Na parte de cima tinha uma gavetinha e eu ia lá e pegava. Eu sabia que aquilo ali era para a janta e era tudo contadinho, mas eu ia e pegava, mesmo que eu fosse apanhar ou qualquer coisa, mas eu a enfrentava. Enfrentava a ira dela.

T: Siga com isso. (MBLs).

C: É como se eu gostasse de atrair a ira dela para cima de mim e depois eu ficasse morrendo de medo. Agora estou com uma sensação que a minha perna está ficando melhor.

T: Que bom.

C: A sensação inicial da perna é diferente da que tá agora. Agora é como se eu estivesse sentindo que a minha perna tem ossos, músculos, não humano, uma coisa que meu pé aperta. E essa sensação está começando a espalhar pelo corpo, nas costas. É algo de força, não sei.. de talvez de sentir o meu corpo. Acho que eu tenho as minhas pernas para me apoiar.

T: Diga isso outra vez.

C: De perceber que eu posso ficar em pé em cima das minhas pernas. De perceber que as minhas pernas não precisam ser tão pesadas, que se eu precisar das minhas pernas eu posso até fugir para não ficar tomando lambada toda hora.

T: Vamos com isso. (MBLs).

124

C: Me veio uma imagem assim que eu apanhava muito de vara da minha avó. Tinha um pessegueiro; ela cortava umas varas dali e dava nas minhas pernas. Se eu pudesse agora eu pegava essa vara da mão dela; eu quebrava e jogava fora, porque isso é covardia. Acho que eu já sofria tanto ali. Não precisava mais daquilo. Parece que a raiva que ela tinha do meu pai ela jogava em cima de mim, porque eu defendia ele. Cada vez que ela xingava eu defendia ele. Me vem uma sensação de liberdade.

T: O que é isso?

C: Não sei. Não consigo explicar. É como se eu estivesse presa nessa história. Agora me vejo com sete anos... nessa casa, nesse lugar; e de repente é como se eu pudesse sair dali e deixar essa parte da minha vida para trás, porque era sempre um tormento.

T: (MBLs). Respire fundo; mais uma vez.

C: É como se eu pudesse sair dos meus sete anos.

T: Sei.

C: E ter os meus cinquenta e quatro. E com cinquenta e quatro, eu não preciso ter medo de vó, de galinha, de ficar sem comer, de meu avô precisar trazer comida. Posso me auto sustentar.

T: Isso mesmo.

C: E isso tráz uma sustentação para o meu corpo. Eu tô sempre mal sentada; até nesse momento eu me sinto sentada.

T: Sei.

C: Em cima das minhas pernas, com a coluna reta: é assim que eu quero. Eu posso fazer isso. E eu venho buscando isso há muito tempo.

T: Então, voltando àquela experiência inicial difícil, agora, numa escala de zero a dez, onde dez é a máxima perturbação que você pode imaginar e zero é nenhuma, quanta perturbação você sente agora quando você pensa naquilo?

C: Olha, me veio uma imagem assim: a primeira imagem era quando eu via o meu avô e eu ia correndo. Mas nesse momento, eu posso ficar lá na rua, onde era a casa, e ficar olhando ele vindo com a sacola. Já não tenho que correr até ele; é isso. Em relação à perturbação... se eu ficar nesse lugar eu não tenho perturbação

125

nenhuma. Eu posso ficar no lugar, mas num lugar adulto; só olhando ele vindo, talvez sabendo que ele nunca ia deixar faltar. Isso me emociona, porque tinha alguém preocupado; tinha alguém cuidando, embora a minha mãe tivesse de cama, meu pai tivesse sumido, minha avó tivesse brigando, mas tinha alguém. E me veio uma imagem de uma porta fechando, como se eu dissesse assim: *Chega, eu quero fechar essa porta e abrir outra para o futuro e chega disso, chega.*

T: Isso.

C: É interessante que o toque nas minhas pernas [paciente se refere aos movimentos táteis na perna que foi o pedido dela] vem com a autonomia.

T: Sei...

C: Talvez seja essa autonomia de não ter que correr até a sacola de comida, de poder ficar em pé... isso é tão bom! Muito bom! Saber que eu não preciso correr até a geladeira e meu marido me pegar de noite, comendo.. [Risos.] Sem perigo. [Risos].

T: Só para dar uma última conferida então, numa escala de zero a dez, quando você pensa naquela experiência difícil com a qual começamos, quanta perturbação você sente agora?

C: Não, não tenho.

T: É zero?

C: Zero.

T: A gente falou sobre várias palavras na crença positiva. Você usou a expressão, *eu tenho controle*. Então, essas palavras ainda são válidas? Você quer reforçar essas palavras ou você acha que tem outras palavras positivas? No decorrer do trabalho você falou várias coisas: uma, que *eu posso, posso ficar em cima das pernas*. Você falou em autonomia, *eu tenho autonomia*. Dessas daí, qual você acha que é a mais apropriada? *Eu tenho controle, eu tenho autonomia* ou *eu posso*.

C: *Eu posso* é mais gostoso.

T: É essa que você quer instalar?

C: Eu não sei o quê, que eu posso, mas é gostoso [Risos]. Tudo bem.

T: Tudo bem, então, pense nessa experiência inicial, com a qual a gente começou, aquela experiência lá do começo.

C: Sim.

T: Numa escala de um a sete, sete é completamente verdadeiro e um é completamente falso, quão verdadeiro você sente essas palavras, *eu posso*?

C: Eu posso.

T: Sete é verdadeiro

C: Sete. Eu sinto sete. E é incrível a sensação das minhas pernas é totalmente diferente. Minha perna, sei lá, o quê aconteceu? A sensação corporal é sete também.

T: Você quer fortalecer um pouquinho mais?

C: Quero.

T: Concentre-se. (MBLs).

C: Porque veio algo assim: quando me der o ataque de geladeira, será que eu posso mesmo? [Risos].

T: Vamos com isso. (MBLs).

C: Ah, traz uma coisa assim: *eu posso escolher.*

T: OK. Numa escala de um a sete, quão verdadeiro você sente essas palavras, *eu posso escolher*?

C: Vou dar 6.

T: Vai dar 6.

C: Vou.

T: E o que impede de ser sete?

C: Talvez, experimentar.

T: Sei.

C: Na prática. É. Ver na prática.

T: Pense nessa experiência difícil com a qual nós começamos e nessas palavras, *eu posso escolher*, e siga os meus movimentos.

C: Eu posso mudar de movimento?

T: Pode.

C: Eu gostaria que você fizesse o movimento visual.

T: Então pense nessas palavras, *eu posso escolher*, e siga os meus dedos. (MBLs agora faz visuais conforme o pedido da paciente). Respire fundo. E agora?

C: Tá confortável.

T: Está bem? Numa escala de um a sete, sete é completamente verdadeiro e um é completamente falso.

C: Sete. Eu estou bem confortável.

T: Feche os olhos um instantinho. Concentre-se naquela experiência difícil com a qual nós começamos, pense nessas palavras positivas, *eu posso escolher*, mentalmente examine todo o seu corpo e diga se você sente alguma perturbação.

C: É interessante que agora eu sinto no peito, mas não tem mais perturbação.

T: O quê você sente no peito?

C: Como que uma ampliação.

T: Vamos fortalecer isso um pouquinho?

C: Sim.

T: Você quer os movimentos táteis ou os visuais?

C: Pode ser o estalo da sua mão. [Pede os movimento auditivos.]

T: Pode, só um pouquinho, tá! [Risos]. Respire. Sente alguma perturbação?

C: Me vem uma palavra, *amor*.

T: Pensa nisso mais um pouquinho.

C: Acabou.

T: Acabou mesmo.

C: Isso. Acabou. Não precisa.

T: Não precisa. Como você sabe, o reprocessamento que nós fizemos hoje pode continuar depois da sessão. É possível que durante o restante dos próximos dias, durante a semana, você tenha novos "insights", pensamentos, ou lembranças ou sonhos; espero que não tenha pesadelo mais. Se isso acontecer, preste atenção no que está acontecendo, tire "uma foto" do que você vir, do que você sente, do que você pensa e atente para os disparadores; o que aconteceu que disparou aquilo. Faça um registro ou um diário dessas coisas que vão surgindo durante a semana, os pensamentos, as sensações, as lembranças, as experiências. Se você quiser você pode usar aquela escala do SUDS de zero a dez, para ir analisando as suas experiências.

T: Pode passar e-mail. Como é que você está agora?

C: Tô bem.

T: Você está com a cara ótima.

128

C: Eu estou bem melhor.

T: Ótimo. Eu quero te agradecer foi um privilégio trabalhar com você [Risos]. Muito bonito o que você fez, muito lindo! Só de curiosidade. Pense na galinha agora.

C: Ficou tão pequena! [Risos]. Eu já pensei! [Risos]. É é incrível a imagem da galinha. A primeira imagem, ela era muito grande e depois quando eu peguei ela pelo pescoço, ela foi diminuindo. Quando eu joguei no chão, já saiu. Eu falei: *ah, sai medo!* Não sei quem é essa galinha, o quê ela representa para mim.

T: Mas acabou também!

C: Acabou! Acabou. Vamos ver como é que funciona; por isso que eu dei seis!

T: Tá certo.

C: Galinha e geladeira, vamos ver. [Risos] Mas, sabe, é um *vamos ver*, quase como uma certeza.

T: Depois você conta para gente!

C: Vou contar. [Risos].

T: Dez para você, muito bem. Obrigada!

Resiliência de Ego

Passado vários anos, voltei a fazer uma outra sessão com Maria Eugênia. Quando voltamos a nos encontrarmos ela tinha perdido mais de 15 kgs! Estava elegante, alegre, formosa. Já não transmitia a depressão e tristeza da primeira sessão. Nem se lembrava mais do medo de galinha! Quis trabalhar outro tema.

Uma das coisas que costumamos procurar na terapia EMDR é o que chamamos do Evento Chave: aquela experiência que disparou os sintomas atuais. Por isso pedimos que os pacientes pensem em outros momentos das suas vidas onde sentiram ou pensaram as mesmas coisas que estão vivendo na situação atual. É impressionante – e surpreendente – as lembranças e as cenas que aparecem.

Essa sessão com Maria Eugênia é especialmente comovente quando se leva em consideração as limitações familiares com as quais ela lutava quando criança. Vemos o que o impacto que pode ter o amor e apreço de *uma pessoa* na vida de outra. Foram quatro anos de investimento desinteressado por meio de uma aula de corte e costura, mas vemos como trouxe estabilidade e rotina à vida de Maria Eugenia. Quem sabe mudou o rumo da sua vida. Deixemos que ela conte a história:

C: É difícil eu focalizar em uma frase o que eu quero trabalhar hoje. É uma sensação de não dar conta da minha atividade profissional; achar que eu estou trabalhando demais e ganhando pouco. Ao mesmo tempo, eu ouço outras pessoas dizendo que atendem o mesmo número de pacientes e eu fico só pensando: *mas por quê elas conseguem e eu não? Se eu estou com meu consultório lotado de pacientes como todo mundo quer? E eu vou fazer o quê com tudo isso? Daqui a pouco vou mandar todo mundo embora?* É um conflito. Estou vivendo um conflito que inclusive prejudica a minha saúde.

T: De que forma?

C: De que forma? [Risos.] Eu tenho uma indisposição no estômago. Geralmente, todos os dias quando eu termino meu trabalho eu já estou com essa coisa. É uma indisposição muito grande. Ainda pega um pouco na questão da comida que você já trabalhou comigo. Parece que eu preciso comer muito para relaxar.

T: Então, quando você pensa no trabalho, com essas palavras que você usou anteriormente: *me sinto explorada, eu não dou conta, o trabalho é pesado...* volta um pouquinho para trás, revisa suas lembranças, e veja se você lembra de ter sentido isso antes, de ter tido experiências parecidas antes... quem sabe durante a sua infância ou adolescência. [Paciente fica quieta uns instantes enquanto pensa.}

C: Sim, é uma coisa assim que fica mais clara na minha adolescência.

T: Por volta de...?

C: Uns 12 anos... meu pai nunca gostou de trabalhar. Não tinha emprego fixo de jeito nenhum. Ele sempre viveu de trambique, de loucura, então, era muita falta de dinheiro em casa. Daí eu me lembro de que eu não tinha roupa. A primeira vez que eu fui me encontrar com o namorado, eu fui com um vestido da minha mãe. Uma vez eu visitei São Paulo porque a família do meu pai é de lá. A família do meu pai é uma família rica, mas meu pai era uma ovelha negra. Sempre foi uma ovelha negra, então ele criou quatro filhos sem trabalhar, só fazendo loucura. Então, eu fui visitar uma amiguinha com o vestido da minha avó. Hoje eu fico pensando como eu devia estar ridícula.

Com 12 anos eu comecei a costurar. Eu fui para o corte e costura, porque eu queria ter o que vestir. Me lembro de uma vez no início da minha adolescência... eu devia ter talvez uns 11 anos ... de uma tia, irmã do meu pai, dizendo: *a gente vem com essas crianças para a praia, mas eles não tem nem o que vestir!* Eu tinha vergonha disso. Aí eu resolvi estudar corte e costura, mas a minha mãe era uma mulher muito rígida. A condição que ela impôs para pagar o curso de corte para mim era que eu tinha que costurar para a família inteira. Isso me dava muita raiva. Eu fiquei anos no corte e costura, e eu tinha que fazer roupa para a gente, para ir aos bailes, para mim e para a minha irmã. Minha irmã pegava as roupas tudo pronto! Eu me lembro de chorar em cima da mesa de corte, porque o baile ia chegar e eu tinha que fazer o meu vestido e o dela. A professora ficava com pena de mim e me ajudava. Este peso vem dessa época: se eu não fizer, ninguém faz e não vai dar.

T: Se nós fossemos escolher uma foto dessa situação, qual seria?

C: Eu estou me vendo em cima da mesa de corte e costura chorando. Eu tinha um desespero. O baile era sábado; hoje é quinta e eu não vou dá conta. Não vou conseguir terminar. E se eu não terminasse, minha mãe não ia deixar eu ir pro baile. Eu tinha que fazer o meu vestido e o dela. Eu tô vendo... Quando eu fiz 15 anos, minha mãe comprou um paninho muito, muito baratinho para mim e para minha irmã. Era a nossa roupa para debutar. Eu tinha um ódio de ter que fazer o da minha irmã! Uma raiva quando eu pegava o vestido dela, porque eu queria poder fazer o meu, mas, não. Tinha que fazer os dois.

T: Quando você pensa nessa lembrança difícil, quais são as palavras que descrevem melhor o que você pensa sobre si mesma agora, e que sejam negativas?

C: Que eu tenho que fazer com muito esforço. Vem também: eu não vou dar conta. Me vem essas duas coisas: que é muito pesado e que eu não vou dar conta.

T: Poderia ser, *eu sou explorada*?

C: Quando eu tinha que fazer camisa para o meu irmão, eu odiava! Na hora de fazer casa na máquina...! E veja, eu adoro costurar, tá! Eu me lembro de ter feito os primeiros vestidinhos da minha filha com o maior prazer, mas ninguém me obrigava. Acho que é isso que eu quero no meu trabalho. Eu não quero me sentir obrigada. Acho que tem uma situação recente, mais ou menos recente, que meu marido teve uma perda financeira grande e depois aquilo mexeu no consultório, sabe...?

T: Eu tenho que trabalhar.

C: *Eu tenho que trabalhar.*

T: Eu sou obrigada a trabalhar.

C: *Eu tenho que dar conta*, porque ele não tem, né.

T: Então, nós podemos trabalhar com qual expressão? Eu não dou conta?

C: Eu acho que sim. Acho que é o mais forte.

T: É o mais forte?

C: Porque é isso que pega na barriga.

T: É isso que pega na barriga: o eu não dou conta?

C: É. Para dar conta tem que comer. [Risos].

T: Tem que ter muita energia?

C: Muita energia.

T: Agora quando você pensa nessa situação difícil, que palavras descrevem melhor o que você *gostaria* de pensar sobre si mesma que fossem positivas?

C: Que eu posso fazer com prazer.

T: Faço com prazer?

C: *Faço com prazer*. Sem me sentir explorada. Por que eu quero.

T: E quando você pensa nessa lembrança difícil, numa escala de um a sete, onde sete é completamente verdadeiro e um completamente falso, quão verdadeiro você sente que são essas palavras positivas, *eu faço com prazer*, agora?

C: Três.

T: E quando você pensa nessa experiência difícil e nas palavras negativas, *eu não dou conta*, que emoções surgem para você agora?

C: Ás vezes, desespero, porque eu me sinto sem saída. Eu tenho que fazer e não tem como sair. Eu tô presa. Eu não tenho saída. É um desespero.

T: E quando você pensa nessa experiência difícil, quanta perturbação você sente agora, numa escala de zero a dez, onde dez é a máxima perturbação e zero nenhuma?

C: Nesse momento não está tão alta, mas quando eu estou dentro disso, eu tenho dez de perturbação

T: E quanto tem agora?

C: Agora? Tenho sete.

T: Onde é que você sente essa perturbação no seu corpo?

C: Na barriga.

T: Maria Eugênia, nós vamos começar o processamento. Não é a primeira vez que você faz o EMDR. Você já sabe como é. Já tem seu lugar tranquilo! Se você precisar dele, você pode lançar mão desse recurso. Lembra do sinal de pare, e que você pode parar em qualquer momento.

Volte a pensar naquela imagem difícil que você estava me descrevendo. Pense nas palavras negativas, *eu não dou conta,* observe onde é que você sente isso no seu corpo e siga os meus movimentos. (MBLs.)

C: Me vêm duas coisas. Primeiro: não é justo isso com uma criança! E segundo: tem coisas que são muito difíceis naquela minha idade. Por exemplo, fazer casinha era muito difícil para mim. Mas eu me vejo indo para a máquina de costura, para tentar fazer as benditas casas. (MBLs.)

C: Foi um processamento mais longo. Eu fui vendo muitas coisas. Eu me lembrei da voz da professora. Ela era japonesa e eu me lembro exatamente do tom dela, gritando com os meninos... o que ela falava. Me lembro dela falando em japonês. Me lembro que tinha outras adolescentes. Me lembro das risadas... eu ouço os sons das risadas que a gente dava. Daí passou para uma coisa assim: nossa! eu passei anos da minha vida ali que pareciam ruins mas que tinham coisa boa. É foram uns três, quatros anos ali. Uma coisa me veio: Dona Yolanda era muito boa para mim. Ela gostava de mim. Às vezes eu ficava depois da aula, quando as outras iam embora, e ela fazia o que minha mãe nunca fez [chora]. Ela me ajudava, porque minha mãe sempre empurrava os problemas para mim. Mas nunca me ensinava o que fazer com os problemas. Com Dona Yolanda era diferente. Apesar dela me ajudar, ela também me ensinava como fazer. Eu nunca pensei que a Dona Yolanda tinha sido uma pessoa tão importante!

E pensa, como eu era tinhosa, né? quatro anos ali. E eu não desisti.

T: Perseverante...

C: Minha mãe foi uma pessoa muito deprimida; me ajudou muito pouco. Minha mãe contava com minha ajuda, mas eu não podia contar com a dela. Uns anos depois, acho que eu tinha uns 15 anos, minha mãe deprimiu tanto que eu tinha que dar banho nela. Isso era uma coisa muito ruim. Mas a Dona Yolanda... de uma certa forma ela me dava algo que eu não tinha em casa. Não era só aprender costura; era aquelas tardes ali com ela. [Silêncio para pensar.]

T: Agora volta a pensar nisso tudo. Numa escala de zero a dez, onde dez é o máximo e zero é nada, quanto esta lhe incomodando agora?

C: Cinco.

T: O que que é esse cinco?

C: O quê é esse cinco? Parece que é falta de ter recebido cuidado mesmo, sabe? A falta de ter tido um pai que pudesse me dar um vestido quando eu precisava vestir; de ter tido uma mãe que me ensinasse as coisas e não esperasse tanto de mim. Meus pais, a minha casa era muito caótica. No entanto eu consegui sair inteiríssima de lá. Eu tinha uma resiliência! Eu sei disso; mas ficou muito resquício disso dentro de mim... de ter sobrevivido. Eu tinha uma mãe esquizofrênica. E ela não deu conta mesmo porque as coisas eram barra lá em casa. É, então... eu dei conta lá, com todas as dificuldades. Mas ficaram lugares dentro de mim que parece que não tem preenchimento; a falta de adulto significativos, adultos que lhe deem o vestido que você precisa, que lhe ensine como se que faz alguma coisa. Eu não tinha essas pessoas com quem contar.

T: Mas você descobriu que tinha a Dona Yolanda.

C: Sim, tinha a Dona Yolanda. Tinha a Dona Yolanda.

T: E hoje tem você.

C: É como se dentro de mim tivessem alguns buracos. É de falta de cuidado mesmo. E mesmo com esses buracos, eu tive que ir construindo na vida. Porque eu também não entregava os pontos! Só que de repente, de vez em quando, eles aparecem. E quando eles aparecem, vem essa sensação do, *eu não vou dar conta* ou *eu tô sendo explorada*. É.. de ter começado a trabalhar muito cedo. Eu comecei a trabalhar muito cedo. Tive muita vantagem com isso. Eu comecei a trabalhar com 16 anos. Fui dar aula. Depois eu aposentei muito cedo e fui fazer psicologia. Então, eu tive vantagens com isso, coisas boas; mas parece que tem dentro de mim esses buracos na minha barriga. São lugares aonde faltou estrutura mesmo, estrutura.

T: De certa forma meio que a gente podia falar que nós estamos conversando aqui com duas pessoas. Tem uma menina de

12 anos. E tem a adulta, você. E vocês tem esses buracos. Que tal você visitar esses buracos e ver o que você pode fazer com isso?

C: Ah, ia ser bárbaro! Faz anos que quero fazer isso. Aliás, eu tenho tentado fazer pela vida afora, né.

T: Vamos lá?

C: Vamos. Como você quer que eu faça isso?

T: Pensa um pouquinho.

C: Nossa, agora você me pegou, não sei nem por onde começar a pensar.

T: A gente faz uma tentativa, se você tiver dificuldade, a gente. Ajuda. (MBLs.)

C: Nossa, a imagem que me vem é de um poço.

T: Sei.

C: Eu olhando para dentro de um poço.

C: Esse poço é um poço de uma casa em que eu morei. Eu tirava água dele.

T: Sei.

C: Daí vinha uma água limpinha. Eu pensei, *pode ser um poço fundo, mas a gente tira água boa*. Aí apareceu um ferro, daqueles ferros de brasa que eu usei para passar roupa. Veio também um lugar legal, que eu gostava nessa casa. Era um lugar de segurança para onde eu fugia. No meio do mato tinha um tronco em que eu balançava. Então, pode ter um monte de porcaria, mas eu sempre acho uma coisa boa para mim.

T: Bacana.

C: E eu fugia; eu sumia para esse lugar e lá ninguém conseguia me achar.

T: "Mas eu sempre acho coisa boa para mim".

C: Eu acho! [Risos]. Então me vem duas coisas: essa frase, *eu acho coisa boa para mim*, e também, *ela fez muito bem para mim*.

T: Isso.

C: É porque eu acho que é isso mesmo. Eu me lembro do meu pai... e eu pensei no meu marido e que ele foi uma coisa muito boa que eu achei para mim.

T: Sim.

C: Meu avô também foi. Hoje eu vejo que procurei um

marido com características muito parecidas com as do meu avô, de um cuidador.

T: Sei.

C: Teve dois momentos em que eu contrariei meu pai, porque ele era muito importante para mim e eu nunca o contrariava. Quando eu quis trabalhar fora a primeira vez... Ele era aquela coisa de família rica; metido, orgulhoso; não me ajudava, não botava as coisas dentro de casa, mas era metido. Uma professora do ginásio me convidou para ensinar o seu filho. Ela era inglesa e o filhos tinha dificuldades por causa da outra língua. Eu fui ensinar esse menino e ela me pagava. E meu pai me disse: *você não vai ser babá de ninguém, filha minha não vai ser babá.* Eu falei: *eu vou sim!, porque o senhor não compra sapato para mim e eu quero.* Eu não sei da onde eu tirei tanta coragem para isso, porque nunca tinha coragem para falar as coisas para ele.

Depois, quando eu conheci meu marido ele falou assim: *esse cara é um bosta, esse cara não.* Mas eu nunca tive dúvida que aquele cara era "o cara" e eu ia casar com ele, falasse meu pai o que ele quisesse. Eu sabia que ele era coisa boa para mim. Isso me emociona muito (chora) de um jeito bem legal. De algum lugar me vem esse recurso dentro de mim, de construir coisas boas. Meu casamento teve fases ruins, mas eu sempre pensei assim: *esse casamento vai ficar bom.* Comecei a buscar retiros de casal, terapia de casal, e hoje a gente tem um casamento muito bom, muito sólido. Apesar do meu marido também ter vindo com as histórias dele de família de origem, nós temos filhos muito muito bem construídos. Então, a gente conseguiu achar coisa boa! [Risos] Nem que fosse tirano de pedra, com dificuldade, a gente lutou junto.

T: Então, vamos voltar lá para a experiência difícil; numa escala de zero a dez, como é que está? Dez é o máximo de perturbação e zero nenhuma.

C: Nossa! vem uma coisa assim: aquele peso era como se fosse uma pedra imensa. No momento que eu olho para a minha vida e vejo as coisas boas que eu fui tirando da vida, é como se cada um tivesse de um lado da balança. Não sei explicar. A pedra de um lado e as coisas boas de outro. Não precisa mais ficar olhando para a pedra; aliás, eu quero poder mesmo é poder olhar para as coisas boas! [Risos]. E me vem uma coisa assim: *mas se a vida é leve porque eu preciso comer tanto, né?* [Risos]. É uma coisa de construir para o futuro uma vida leve. É isso que eu tenho falado muito para meu marido: que eu quero uma velhice mais saudável, mais leve, sem a gente ficar se matando.

T: Volta lá, naquela cena que a gente começou agora numa escala de zero a dez, onde dez é a máxima perturbação e zero é nenhuma, quanto lhe incomoda aqui e agora?

C: Voltar lá para aquela cena?

T: Isso.

C: Nossa! mas a cena foi muito longe agora, como se ela tivesse entrado num túnel do tempo. Acho que tá zero agora.

T: Deixa eu lhe perguntar mais uma coisa. Você me disse que você tem buracos de falta de cuidado.

C: Tenho.

T: Tem?

C: Talvez eu precise mudar uma crença ainda. É que eu fui criando uma onipotência de que eu cuidei de mim, porque meu pai não dava conta; minha mãe também não dava conta. Mas na verdade não fui eu quem cuidei. Na verdade Deus foi colocando pessoas na minha vida que foram fazendo isso. Meu avô foi uma pessoa muito significativa. Depois teve a Dona Yolanda. Eu assim fui conhecendo pessoas ao longo da vida, que foram cumprindo papéis que meus pais não tinham condição de cumprir. Eles já eram mesmo muito perturbados. E tem meu marido que faz isso até hoje. Às vezes quando eu chego e começo a reclamar, ele faz pizza ou não sei o quê. Quem sabe até pode baixar para uma coisa mais light, né ?[Risos].

T: Fala com ele, *vamos trocar o cardápio?* [Risos]

C: Enfim, houve muitos cuidadores; não necessariamente meu pai e minha mãe, mas houve outras pessoas que me cuidaram.

T: Só quê? (MBLs)

C: Tem algumas coisas ainda. É, estou me lembrando de algumas pessoas, depois apareceu uma imagem assim como de um jornal, que ele tivesse coisas escritas em algumas partes e o meio estivesse em branco. Depois foi preenchendo essas partes que não estavam escritas.

Aí me veio uma imagem de quando eu 'tava na primeira série e minha avó desenhava coisinhas nos meus cadernos. Como eu queria que fosse minha mãe que tivesse feito isso, mas minha mãe estava sempre doente. Daí já veio uma imagem da minha mãe. Ela aparece em pé perto da minha avó com o caderno. Eu queria pôr um colorido no jornal, mas não deu tempo, porque você parou os movimento. [Risos] (MBLs)

Desde muito menina, uma coisa muito legal que eu aprendi com minha mãe e com minha avó foi a coisa da religiosidade. A imagem do jornal mudou para uma imagem de um livro escrito em dourado, como se fosse o livro da minha vida. Aí tem uma parte que é como se eu sentisse Deus falando comigo. Em nenhum momento eu estive sozinha; Ele sempre providenciou. E realmente a experiência da fé e da espiritualidade foi onde eu sempre me agarrei nos momentos mais difíceis. E foi com minha mãe que eu aprendi isso. Antes de vir para cá, eu falei assim para ela: *Eu tenho um propósito. Olha, eu tô precisando de oração, porque as coisas andam tão pesadas para mim.*

T: Como assim?

C: Com toda essa falta de estrutura dela, que ela não pôde me dar... Ela me deu isso: essa força, de tirar água dos poços.

T: Sim.

C: De estar com os buracos fechados mesmo. Como se hoje aos 56 anos eu pudesse, meu Deus, resgatar isso. Coisa incrível! Enorme. Fantástico. Fantástico mesmo.

T: Então volta a pensar naquela situação de menina, e veja se essas palavras ainda são válidas. Você falou várias outras coisas também. Vou lhe falar o que eu ouvi aqui e você vê qual que ressoa melhor com suas coisas. Você começou com *"o que eu faço com prazer"*, mas você também falou *"eu posso tirar águas de poços"*, *"eu sou capaz"*, *"eu dou conta"*.

C: Eu acho que essa crença é o básico: *"eu não vou dá conta"* e *"eu dou conta"*, *"eu sou capaz"*.

T: Qual é melhor: *"eu sou capaz"*, *"eu dou conta"*?

C: Engraçado, parece que na minha cabeça o verbo quer mudar para, *eu dei conta*, como se fosse algo fechado.

T: Se eu dei conta, eu também posso tapar o buraco?

C: É claro, lógico.

T: Então pensa naquela cena, e pense nessas palavras. (MBLs)

C: É engraçado; me vem uma imagem assim: aquela menina está debruçada, como se estivesse olhando para o futuro, para vida, e não sabe se vai dar conta. É como se eu pudesse olhar lá para trás e dizer para ela: *eu dei conta*.

T: Então vamos fazer isso. Traga essa menina aqui, e quero que você converse com ela. O que ela está precisando? Ela precisa ouvir alguma coisa de você. (MBLs).

C: É, se eu tivesse que dizer algo para ela, seria assim: *você dá conta sim, você têm recursos. E Deus está com você; e têm muitas pessoas.*

T: Use a sua imaginação.

C: Ir para essa cena?

T: Vai para esta cena e fala essas coisas para essa menina de 12 anos.

C: Tá. (MBLs). Vem uma coisa bem interessante. É assim: você pode dar conta. Você pode fazer com prazer. E quando você pode fazer com prazer você tira a ansiedade. Porque eu sempre fiz as coisas, mas tinha aquela sensação de que não dava conta. A ansiedade teve sempre muito presente e, portanto, havia muito pouco prazer nisso. Se eu posso fazer o que eu quero, se eu posso fazer com prazer, eu posso fazer sem ansiedade. Então, isso fecha.

T: Mas uma coisinha. Volta lá e fala com essa menina. Pergunta para ela se agora ela pode fazer as coisas com prazer, sem ansiedade e sem se sentir explorada. Vai lá. (MBLs).

C: É, porque no fundo ela também queria agradar o pai e a mãe quando fazia roupa para todo mundo. Podia bem falar: *ela faz para mim*, já que minha irmã brigava e não fazia.

T: Sua irmã não sabia fazer corte e costura.

C: Sabe qual a conversa da minha irmã? Dessa que é doida? Tem hora que eu falo, *é bom ser doida*! [Risos] Ela diz assim, "*O Universo me dá tudo o que eu preciso*". Aí um dia eu briguei com ela e falei assim: *O Universo tem nome e endereço né? lá de casa! claro que dá tudo que você precisa!* Mas tem horas que eu morria de inveja e falava assim, *porque eu não fiquei que nem ela, e não deixei o Universo fazer para mim.*

T: Por que você não ficou que nem ela?

C: [Risos] Porque eu escolhi. Só que eu posso escolher ficar na metade. Não quero mais ficar do outro lado. Eu escolho ficar no meio.

T: Muito bem, ótimo. Pergunta para sua menininha de 12 anos se ela consegue fazer as coisas sem se sentir explorada, com prazer, sem ansiedade. Vê se ela consegue. (MBLs).

C: O que ela me responde é: *tem que fazer com mais calma.*

T: Então vamos combinar isso com ela?

C: Em vez de fazer tantas roupas faz menos, viu! E a frase que me vem é assim: *eu posso fazer menos.*

T: Posso fazer menos. Posso fazer só para mim. Posso fazer para minha irmã quando eu tenho vontade. Posso fazer para os outros, se eu tiver vontade, porque agora *eu posso escolher.*

C: No entanto, eu disse: *tá difícil.* Eu posso escolher. E sabe de uma coisa, eu preciso escolher uma coisa, sim. Eu preciso deixar de ser meio boba e cobrar um pouco mais as minhas sessões; e escolher trabalhar um pouco menos.

T: Eu iria sentir menos explorada.

C: É que eu ainda sou um pouco boba nisso.

T: A sensação que eu tenho é que a outra criança, a positiva que você adquiriu, é e que diz, *eu posso escolher, eu posso escolher o que eu faço, eu posso escolher o quanto que eu cobro, eu posso escolher quantas horas por semana eu vou trabalhar.*

C: É. Posso escolher atender mais criança e adolescente que eu adoro e menos adultos. Acho que é uma coisa que eu tô querendo no momento: trabalhar menos com adulto e mais com clínica infantil.

T: Então tá, quando você pensa agora nas palavras, *eu sou capaz,* são as que você quer reforçar? Ou você prefere, *posso escolher?*

C: Esse "capaz" é capaz de escolher mesmo.

T: OK. Capaz de escolher, ótimo. Numa escala de um a sete,

sete é completamente verdadeiro e um é falso, quão verdadeiro você sente que são essas palavras, *eu sou capaz*?

C: Eu tenho um pouco de medinho ainda de não dar conta, mas é pouco; não é muito.

T: E onde está esse medinho?

C: Não sei. Me vem a ideia que se eu cobrar mais, os pacientes vão embora.

T: Então você vai ter que escolher como é que você quer fazer as coisas? Estudar, reavaliar, reacomodar, pensar.

Volta lá para a menininha de 12 anos; como é que ela está?

C: Bem.

T: Como estão as palavras, *eu sou capaz*, de um a sete?

C: Sete.

T: Sete poderoso?

C: Olha só: sete poderoso. Pense: naquela época se eu escolhesse não fazer as coisas para minha irmã, a minha mãe ia me tirar do curso.

T: E você ficava sem a Dona Yolanda.

C: E ficava sem as roupas.

T: E sem as roupas.

C: Então, é isso que transfere para o consultório hoje. Entendi. Se de repente eu dou uma de, *sou capaz*, e escolho aumentar o preço da consulta, eu tenho que correr esse risco mesmo.

T: E talvez você vai perder alguns pacientes no começo, mas adquire outros novos.

Faz uma checagem corporal, como é que está tudo?

C: Bem.

T: Tudo bem?

C: Bem.

T: Você sabe que este processamento pode continuar nos próximos dias.

C: [Risos] Que bom!

T: É, e eu acho que mais coisas ainda vão se reacomodar aí dentro. Acho que você tem muitos desafios pela frente, mas eu queria lhe dizer o tanto que eu admiro você. Essa resiliência, o cuidado de tantos com você... uma outra coisa positiva é o seu cuidado. Você pensava que não era cuidada, mas parece que você não era tão órfã como você pensava. Também pense como o corte e costura foi um oásis na sua vida, que lhe nutriu; lhe deu coisas boas. Acabou que sua irmã que não aprendeu a ter cuidado nenhum; perdeu aquela estabilidade, aquela rotina, aquela previsibilidade que o curso de corte e costura – e a Dona Yolanda – deu para você.

C: Corte e costura... agora eu costuro pessoas! [Risos]

T: Que legal! Você não tinha escolha, mas agora você tem. Você pode escolher como você quer levar o trabalho.

C: Nossa! sou muito capaz! que legal!

T: Me sinto muito privilegiada por ter acompanhado você nesse processo.

C: Olha, eu fico tão feliz! porque o meu lugar seguro, quem instalou foi você. E acho que hoje ele completou de um jeito que eu jamais esperava.

T: Minha única recomendação é que você continue cuidando da menininha de 12 ano. Leva ela com você, para ela saber que não está sozinha; que ela está cuidada, que você tá cuidando dela, amparando-a, protegendo-a; que agora ela tem uma "mãe" que cuida dela.

C: Obrigada.

No dia seguinte:
Fizemos uma reavaliação rápida no dia seguinte.

T: Eu queria saber como você está hoje. O que aconteceu de ontem para hoje?

C: Eu estou bem. O que eu percebi de ontem para hoje é uma coisa muito interessante: uma diminuição do meu ritmo interno.

T: Sei.

C: Teve uma hora que eu estava conversando com minha avó e parecia que eu estava em câmera lenta. [Risos]. Porque eu sou sempre agitadinha. Eu me vi falando com ela, e eu pensei: *nossa parece que eu estou em câmera lenta.*

T: Você está achando isso bom?

C: Eu tô.

T: Está mais tranquila?

C: Eu tô.

T: Está vendo as coisas com mais calma?

C: Eu preciso disso.

T: Acho que sim. Sonhou alguma coisa?

C: Não me lembro. Eu empacotei. Dormi cedo. Não me lembro.

T: Dormiu bem?

C: Dormi bem.

T: Vamos voltar aquela cena da máquina de costura, que a gente trabalhou ontem, quando você tinha 12 anos. Agora quando você pensa naquela imagem, mudou alguma coisa? 'tá diferente?

C: A mesma coisa de ontem que eu falei para você: ela está longe.

T: E quando você pensa nisso, numa escala de zero a dez, onde dez é a máxima perturbação e zero nenhuma, quanta perturbação você sente agora quando você pensa nisso?

C: Nenhuma. Zero.

T: E o que você aprendeu com aquela sessão?

C: Nossa, tanta coisa!

T: Duas ou três coisinhas? O que ficou para você daquilo?

C: Hoje quando eu vinha para cá, eu me peguei pensando assim: como minha vida é rica! Eu estava fazendo minha oração e pensando na riqueza da minha vida. Uma outra coisa que eu acho que continuou reprocessando depois foi algo assim: eu não preciso preencher esses buracos; porque cada vez que eu me sentia dentro dos buracos, era quando eu tinha meus ataques de comer demais para preencher esses buracos. Eu ainda não sei como vai ser tudo isso, mas me desponta uma coisa de que eu não vou ter que preencher buraco com comida.

T: Têm outras soluções? Ou não precisa preencher?

C: Eu não preciso. Não precisa preencher. É uma coisa mesmo de agora eu ter que ter uma conversa com meu corpo. Fazer uma reparação com ele das coisas que eu já fiz de errado para mim.

Na hora do desespero total, eu ia lá e botava coisa para dentro, para preencher buraco.

T: Se nós tivéssemos mais tempo, Maria Eugênia, eu ia até oferecer para a gente montar um protocolo em relação a isso, de como a gente podia trabalhar essa questão dos buracos. Como é que você queria acomodar isso. Também a sua reparação com seu corpo. Como a gente não tem tempo hoje, fica para uma próxima sessão. O que me alegro muito é o resultado. Hoje você está com uma cara ótima; parece toda florida.

C: Sem buraco! [Risos].

T: Sem buraco.

C: Sem a sensação do buraco. Essa coisa da comida... não sei se precisaria um trabalho, sabe. Parece que é uma coisa que eu tenho que fazer comigo mesma. Eu sinto assim que é uma conversa que eu preciso ter. Eu não tive tempo de fazer isso ontem. Porque ontem, estava querendo descansar. Mas eu sinto que faz parte do processo de fechar tudo isso e que talvez aconteça naturalmente.

T: Então tá, mais uma vez eu queria lhe agradecer o privilegio de deixar a gente acompanhar você nesse processo todo.

C: O privilégio foi meu.

T: Por que é uma oportunidade de deixar a gente ver um pouco da sua vida, e como você tem conseguido ser uma vencedora.

C: Obrigada.

Vários anos depois eu procurei Maria Eugênia para lhe pedir permissão para incluir sua história neste livro. Ela autorizou e escreveu:

Foi muito bom reler estas sessões. Eu percebo o quanto minha vida está diferente hoje. Já não me sinto explorada por ninguém.

Ha quatro anos mudamo-nos para a capital. Foi na época em que meu marido teve um infarto. Eu parei de trabalhar por alguns meses para cuidar dele. Nessa época nasceu meu primeiro neto, e eu fui me envolvendo com os outros dois netos que vieram em seguida. A vida em família foi me envolvendo de maneira tão agradável que eu fui adiando minha volta ao trabalho.

Hoje eu percebo, que até para deixarmos nosso trabalho é preciso uma cura interna. Já não me cobro por não estar ganhando tanto. Tenho uma aposentadoria como professora que me basta. Não tenho mais que "dar conta". Hoje posso curtir minha família e viajar bastante, além de fazer um curso de patchwork que eu adoro e onde encontro mulheres maravilhosas para rir e conversar. Afinal, a costura é um grande prazer pois me ensina a juntar e a combinar os meus ricos retalhos da vida. Obrigada.

Mais Livros da TraumaClinic Edições

Livros em kindle/e-book também disponível no site da
www.amazon.com.br

Oferecemos desconto para aquisição em quantidade para livros impressos

Leia mais sobre esse livro em nosso site
www.traumaclinicedicoes.com.br

Para adquirir o livro *Curando A Galera Que Mora Lá Dentro* acesse a Amazon

Leia mais sobre esse livro em nosso site
www.traumaclinicedicoes.com.br

Para adquirir o livro *Cure Seu Cérebro, Cure Seu Corpo* acesse a Amazon

Leia mais sobre esse livro em nosso site
www.traumaclinicedicoes.com.br

Para adquirir o livro *Terapia EMDR e Abordagens Auxiliares com Crianças* acesse a Amazon

Leia mais sobre esse livro em nosso site
www.traumaclinicedicoes.com.br

Para adquirir o livro *A Neurobiologia do Processamento de Informação e seus Transtornos* acesse a Amazon

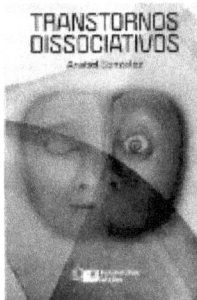

Leia mais sobre esse livro em nosso site
www.traumaclinicedicoes.com.br

Para adquirir o livro *Transtornos Dissociativos* acesse a Amazon

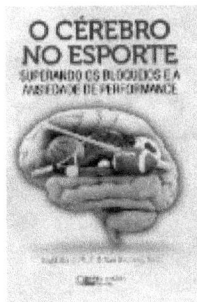

Leia mais sobre esse livro em nosso site
www.traumaclinicedicoes.com.br

Para adquirir o livro *O Cérebro no Esporte* acesse a Amazon

Leia mais sobre esse livro em nosso site
www.traumaclinicedicoes.com.br

Para adquirir o livro *A Revolução EMDR* acesse a Amazon

Leia mais sobre esse livro em nosso site
www.traumaclinicedicoes.com.br

Para adquirir o livro *Definindo e Redefinindo EMDR* acesse a Amazon

Leia mais sobre esse livro em nosso site
www.traumaclinicedicoes.com.br

Para adquirir o livro *Saindo Dessa* acesse a Amazon

Para adquirir e ler mais sobre esse livro acesse o nosso site
www.traumaclinicedicoes.com.br

Leia mais sobre esse livro em nosso site
www.traumaclinicedicoes.com.br

Para adquirir o livro *Cure Emocional em Velocidade Máxima* acesse a Amazon

Leia mais sobre esse livro em nosso site
www.traumaclinicedicoes.com.br

Para adquirir o livro *Dia Ruim... Vá Embora!*
acesse a Amazon

Leia mais sobre esse livro em nosso site
www.traumaclinicedicoes.com.br

Para adquirir o livro *Deixando o Seu Passado
no Passado* acesse a Amazon

Leia mais sobre esse livro em nosso site
www.traumaclinicedicoes.com.br

Para adquirir o livro *O Mensageiro EMDR*
acesse a Amazon

Leia mais sobre esse livro em nosso site
www.traumaclinicedicoes.com.br

Para adquirir o livro *Brainspotting* acesse a
Amazon

Leia mais sobre esse livro em nosso site
www.traumaclinicedicoes.com.br

Para adquirir o livro *Trauma e Pós-Parto*
Mensageiro EMDR acesse a Amazon

**Para conhecer mais o material da TraumaClinic Edições visite
nosso site: www.traumaclinicedicoes.com.br**

**Para receber mais notícias e aviso de promoções do nosso
material, inscreva-se aqui:**
https://app.e2ma.net/app2/audience/signup/1766739/1732906/?v=a

www.ingramcontent.com/pod-product-compliance
Lightning Source LLC
Chambersburg PA
CBHW031438280326
41927CB00038B/902